学生社交与礼仪

XUE SHENG SHE JIAO YU LI YI

主 编　王晓冬　杨蓉蓉

副主编　陈　武　邢秀苹　杨琦　张冬梅

山东人民出版社

国家一级出版社　全国百佳图书出版单位

编委会成员名单

前　言

　　礼仪，是中华传统美德宝库中的一颗璀璨明珠，是中国古代文化的精髓。身居礼仪之邦，应为礼仪之民。在现代社会，明礼循礼已成为个人或组织树立自身形象，赢得他人和社会尊重的前提，同时也是事业获得成功的重要条件。知书达礼，待人以礼，应当是当代职业院校学生的一个基本素养。一个知书不达礼，知识水准和道德水准严重不协调的学生，不可能成为一个优秀的人才。在人才招聘会上，言谈儒雅、服饰得体、仪表端庄、神态大方、礼仪到位的学生更能受到用人单位的青睐。

　　古人云："不学礼，无以立"（《论语·季氏》）。礼仪不仅是立身处世之本，也是一门待人交友的学问，是人们一生都需要研习的必修课，为此我们编写了《学生社交与礼仪》一书。本书结合当前职业院校中礼仪教育的现状，深入全面地介绍了日常生活与工作中的礼仪知识，内容广泛，涉及个人礼仪、社交礼仪、校园礼仪、求职礼仪等诸多方面。每章的"名言警句""精品阅读""活动探索"和"案例分析"，都有很强的启迪性、可读性和可操作性。既有对理论的深入阐述，又有切合学生特点的能力训练和操作方法。

　　在本书编写过程中，参阅借鉴了大量的有关文献和网络资料，由于书目甚多，恕不一一列举。在此谨表感谢！本书由王晓冬、杨蓉蓉担任主编，邢秀苹、张冬梅、陈武、杨琦担任副主编。由于作者水平有限，书中难免有偏颇、疏漏之处，诚请各位专家学者和读者朋友批评指正。

目　录

1

开篇寄语：

中国是世界公认的"文明古国，礼仪之邦"，讲礼重仪是中华民族世代相传的优秀传统。"不学礼无以立"的理念延续了整个中华文明史。源远流长的礼仪文化是先人留给我们的一笔丰厚遗产。

第一章

礼仪概述

◎**教学目标：**

1. 知识目标：了解礼仪的渊源与发展、特点与原则。

2. 技能目标：在各种人际交往中灵活运用礼仪知识。

3. 情感目标：有意识地以礼仪道德规范约束自身行为，增强礼仪修养。

◎**名言警句：**

不学礼，无以立。

——《论语·季氏》

人无礼则不生，事无礼则不成，国家无礼则不宁。

——荀子

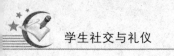

礼尚往来。往而不来,非礼也;来而不往,亦非礼也。

——《礼记·曲礼上》

夫君子之行,静以修身,俭以养德,非淡泊无以明志,非宁静无以致远。

——诸葛亮

第一节　礼仪概述

一、礼仪的概念

礼仪是指人们在社会交往中由于受历史传统、风俗习惯、宗教信仰、时代潮流等因素而形成,既为人们所认同,又为人们所遵守,是以建立和谐关系为目的的各种符合交往要求的行为准则和规范的总和。总而言之,礼仪就是人们在社会交往活动中应共同遵守的行为规范和准则。

中华民族是礼仪之邦,"礼仪"一词在先秦时期已见,如《诗经·小雅·楚茨》:"献酬交错,礼仪卒度。"《周礼·春官·肆师》:"凡国之大事,治其礼仪,以佐宗伯"。从古至今,"礼仪"二字经常一起使用,似乎"礼"就是"仪","仪"相当于"礼"。其实"礼"与"仪"是既有联系又有区别的。

"礼"的本义是祭神。《说文》:"礼,履也,所以事神致福也。"后来"礼"引申为规范社会秩序的行为准则和道德标准。"礼者敬人也",礼仪的"礼"字指的是尊重,即在人际交往中既要尊重自己,也要尊重别人。

"仪"是礼的动作或方式,是外在形式。心里想什么,要善于表达。"仪"就是恰到好处地向别人表示尊重的形式,如眼色、行动、语言等。

二、礼仪的含义

礼仪是在人际交往中,以一定的、约定俗成的程序方式来表现的律己敬人的过程,涉及穿着、交往、沟通、情商等内容,简单地说就是以最恰当的方式来表达对他人的尊重。

礼仪的含义,从不同的角度还可以这样理解:

1. 从道德角度看,礼仪是为人处世的行为规范。

2. 从修养角度看,礼仪是人的内在素质和修养的外在表现。

3. 从审美角度看，礼仪是一种形式美，是心灵美的外化。

4. 从传播角度看，礼仪是一种信息，通过这个媒介表达出尊重友善的情意。

5. 从交际角度看，礼仪是一种技巧，是交际中有效的沟通方式。

6. 从民俗角度看，礼仪是接人待物中，约定俗成的示人以尊重友善的习惯做法。

7. 从法制角度看，礼仪是维护社会秩序、治国安邦的途径之一。

 **精品阅读**

曾子避席

曾子是孔子的弟子，有一次他在孔子身边侍坐，孔子问他："以前的圣贤之王至高无上的德行，精要奥妙的理论，用来教导天下之人，人们就能和睦相处，君王和臣下之间也没有不满，你知道他们是什么吗？"曾子听了，明白老师孔子是要指点他最深刻的道理，于是立刻从坐着的席子上站起来，走到席子外面，恭恭敬敬地回答道："我不够聪明，哪里能知道，还请老师把这些道理教给我。"

 案例分析一

非礼勿视，非礼勿听，非礼勿言，非礼勿动。

有一次，孔子的学生颜回向老师请教关于克己复礼（抑制自己履行礼规）的实行问题。孔子说："非礼勿视、非礼勿听、非礼勿言、非礼勿动。"（不合礼的现象不看，不合礼的声音不听，不合礼的话不说，不合礼的事不做。）颜回说："回虽不敏，请事斯语矣。"（我颜回虽然迟钝，也要实行这些话。）

《论语·颜渊第十二》

分析思考：据中国青少年犯罪研究所的统计表明，近年来，青少年犯罪总数已经占到了全国刑事犯罪总数的70%以上。网络中的有害资讯以及一些电影、电视、书刊的色情描写严重污染青少年的心灵，诱导他们走上犯罪的道路。《弟子规》教导我们："非圣书，摒勿视，蔽聪明，坏心志。""斗闹场，绝勿近，邪僻事，绝勿问。"同学们，我们今天面临的诱惑很多，怎样做

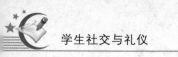

到非礼勿视、非礼勿听、非礼勿言、非礼勿动?

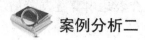 案例分析二

穿着拖鞋去白宫

据美联社 2005 年 7 月 19 日报道,美国知名学府西北大学女子长曲棍球校队由于赢得全国比赛冠军,有幸获得前往白宫接受总统布什亲自接见的嘉奖。然而,这些天真烂漫的女大学生在与总统合影时,自身穿着却随意得让人吃惊。站在第一排的 9 名女同学中,有 4 人穿着夹趾拖鞋,站在西装革履的布什身边,显得分外扎眼。

分析思考:几名学生穿着拖鞋进白宫的做法妥不妥?这一现象暴露出哪些问题?

第二节 礼仪的起源与发展

一、中国礼仪的起源与发展

中国自古就以礼仪之邦著称于世,其漫长的礼仪发展史大致可以分为礼仪的萌芽时期、礼仪的草创时期、礼仪的形成时期、礼仪的发展和变革时期、礼仪的强化时期、礼仪的衰落时期、现代礼仪时期和当代礼仪时期等 8 个时期。礼仪的形成和发展,经历了一个从无到有,从低级到高级,从零散到完整的渐进过程。

1. 礼仪的萌芽时期(公元前 5 万年—公元前 1 万年)

礼仪起源于原始社会时期,在长达 100 多万年的原始社会历史中,人类逐渐开化。在原始社会中、晚期(约旧石器时期)出现了早期礼仪的萌芽。例如,生活在距今约 1.8 万年前的北京周口店山顶洞人,就已经知道打扮自己。他们用穿孔的兽齿、石珠作为装饰品,挂在脖子上。而他们去世的族人

身旁撒放赤铁矿粉，举行原始宗教仪式，这是迄今为止在中国发现的最早的葬仪。

2. 礼仪的草创时期（公元前 1 万年—公元前 22 世纪）

公元前 1 万年左右，人类进入新石器时期，不仅能制作精细的磨光石器，并且开始从事农耕和畜牧。在其后数千年岁月里，原始礼仪渐具雏形。例如在今西安附近的半坡遗址中，发现了生活距今约五千年前的半坡村人的公共墓地。墓地中坑位排列有序，死者的身份有所区别，有带殉葬品的仰身葬，还有无殉葬品的俯身葬等，此外，仰韶文化时期的其他遗址及有关资料表明，当时人们已经注意尊卑有序、男女有别。而长辈坐上席，晚辈坐下席；男子坐左边，女子坐右边等礼仪日趋明确。

3. 礼仪的形成时期（公元前 21 世纪—公元前 771 年）

约公元前 21 世纪至公元前 771 年，中国由金石并用时代进入青铜时代。金属器的使用，使农业、畜牧业、手工业生产跃上一个新台阶。随着生活水平的提高，社会财富除消费外有了剩余并逐渐集中在少数人手里，因而出现阶级对立，原始社会由此解体。公元前 21 世纪至公元前 15 世纪的夏代，开始从中国原始社会末期向早期奴隶社会过渡。在此期间，尊神活动升温。

殷王朝取而代之的周朝，对礼仪建树颇多。特别是周武王的兄弟、辅佐周成王的周公，对周代礼制的确立起了重要作用。他制作礼乐，将人们的行为举止、心理情操等统统纳入一个尊卑有序的模式之中。全面介绍周朝制度的《周礼》，是中国流传至今的第一部礼仪专著。《周礼》原有六篇，详细介绍六类官名及其职权，六官分别称为天官（主管宫事、财货等）、地官（主管教育、市政等）、春官（主管五礼、乐舞等）、夏官（主管军旅、边防等）、秋官（主管刑法、外交等）、冬官（主管土木建筑等）。

春官主管的五礼即吉礼（祭祀的典礼）、凶礼（丧葬礼仪）、宾礼（诸侯对天子的朝觐及诸侯之间的会盟等礼节）、军礼（阅兵、出师等仪式）、嘉礼（冠礼、婚礼、乡饮酒礼等），是周朝礼仪制度的重要方面。由此可见，许多基本礼仪在商末周初已基本形成。此外，成书于商周之际的《易经》和在周代大体定型的《诗经》，也有一些涉及礼仪的内容。在西周，尊老爱幼等礼仪，也已明显确立。

4. 礼仪的发展、变革时期（公元前 770 年—公前 221 年，东周时期）

西周末期，王室衰微，诸侯纷起争霸。承继西周的东周王朝已无力全面恪守传统礼制，出现了所谓"礼崩乐坏"的局面。

春秋战国时期相继涌现出孔子、孟子、荀子等思想巨人，发展和革新了礼仪理论。

孔子（公元前551—公元前479年）是中国古代大思想家、大教育家，他首开私人讲学之风，打破贵族垄断教育的局面。他删《诗》《书》，定《礼》《乐》，赞《周易》，修《春秋》，为历史文化的整理和保存做出了重要贡献。他编订的《仪礼》，详细记录了战国以前贵族生活的各种礼节仪式。《仪礼》与前述《周礼》和孔门后学编的《礼记》，合称"三礼"，是中国古代最早、最重要的礼仪著作。

孔子认为，"不学礼，无以立"。（《论语·季氏篇》）"质胜文则野，文胜质则史。文质彬彬，然后君子。"（《论语·雍也》）他要求人们用道德规范约束自己的行为，要做到"非礼勿视，非礼勿听，非礼勿言，非礼勿动。"（《论语·颜渊》）他倡导的"仁者爱人"，强调人与人之间要有同情心，要互相关心，彼此尊重。总之，孔子较系统地阐述了礼及礼仪的本质与功能，把礼仪理论提高到一个新的高度。

孟子（约公元前372—公元前289年）是战国时期儒家主要代表人物。在政治思想上，孟子把孔子的"仁学"思想加以发展，提出了"王道""仁政"的学说和"民贵君轻"说，主张"以德服人"。在道德修养方面，他主张"舍生而取义"。（《孟子·告子上》），讲究"修身"和培养"浩然之气"等。

荀子（约公元前298—公元前238年）是战国末期的大思想家。他主张"隆礼""重法"，提倡礼法并重。他说："礼者，贵贱有等，长幼有差，贫富轻重皆有称者也。"（《荀子·富国》）荀子指出："礼之于正国家也，如权衡之于轻重也，如绳墨之于曲直也。故人无礼不生，事无礼不成，国家无礼不宁。"（《荀子·大略》）荀子还提出，不仅要有礼治，还要有法治。只有尊崇礼，法制完备，国家才能安宁。荀子重视客观环境对人性的影响，倡导学而至善。

5. 礼仪的强化时期（公元前221年—公元1796年）

公元前221年，秦王嬴政吞并六国，统一中国，建立起中国历史上第一个中央集权的封建王朝，秦始皇在全国推行"书同文""车同轨""行同伦"。秦朝制定的集权制度，成为后来延续两千余年的封建体制的基础。

西汉初期，叔孙通协助汉高帝刘邦制定了朝礼之仪，突出发展了礼的仪式和礼节。而西汉思想家董仲舒，把封建专制制度的理论系统化，提出"唯天子受命于天，天下受命于天子"的"天人感应"之说。（《汉书·董仲舒传》）他把儒家礼仪具体概况为"三纲五常"。"三纲"即"君为臣纲，父为子纲，夫为妻纲"。"五常"即仁、义、礼、智、信。汉武帝刘彻采纳董仲舒"罢黜百家，独尊儒术"的建议，使儒家礼教成为定制。

汉代时，孔门后学编撰的《礼记》问世。《礼记》共计49篇，包罗宏富。其中，有讲述古代风俗的《曲礼》（第1篇）；有谈论古代饮食居住进化概况的《礼运》（第9篇）；有记录家庭礼仪的《内则》（第12篇）；有记载服饰制度的《玉澡》（第13篇）；有论述师生关系的《学记》（第18篇）；还有教导人们道德修养的途径和方法，即"修身、齐家、治国、平天下"的《大学》（第42篇）等。总之，《礼记》堪称集上古礼仪之大成，上承奴隶社会、下启封建社会的礼仪汇集，是封建时代礼仪的主要源泉。

盛唐时期，《礼记》由"记"上升为"经"，成为"礼经"三书之一（另外两本为《周礼》和《仪礼》）。

宋代时，出现了以儒家思想为基础，兼容道学、佛学思想的理学，程颐兄弟和朱熹为其主要代表。二程认为，"父子君臣，天下之定理，无所逃于天地之间。"（《二程遗书》卷五）"礼即是理也。"（《二程遗书》卷二十五）朱熹进一步指出，"仁莫大于父子，义莫大于君臣，是谓三纲之要，五常之本。人伦天理之至，无所逃于天地间。"（《朱子文集·未垂拱奏礼·二》）朱熹的论述使二程"天理"说更加严密、精致。

家庭礼仪研究硕果累累，是宋代礼仪发展的另一个特点。在大量家庭礼仪著作中，以撰《资治通鉴》而名垂青史的北宋史学家司马光（公元1019—1086年）的《涑水家仪》和以《四书集注》名扬天下的南宋理学家朱熹（公元1130—1200年）的《朱子家礼》最著名。明代时，交友之礼更加完善，而忠、孝、节、义等礼仪日趋繁多。

6. 礼仪的衰落时期（公元1796—1911年）

满族入关后，逐渐接受了汉族的礼制，并且使其复杂化，导致一些礼仪显得虚浮、烦琐。例如清代的品官相见礼，当品级低者向品级高者行拜礼时，动辄一跪三叩，重则三跪九叩。清代后期，清王朝政权腐败，民不聊生，古代礼仪盛极而衰。而伴随着西学东渐，一些西方礼仪传入中国，北洋新军时期的陆军便采用西方军队的举手礼等，以代替不合时宜的打千礼等。

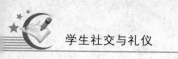

7. 现代礼仪时期（公元 1911—1949 年，民国时期）

1911 年末，清王朝土崩瓦解，当时远在美国的孙中山先生火速赶回祖国，于 1912 年 1 月 1 日在南京就任中华民国临时大总统。孙中山先生和战友们破旧立新，用民权代替君权，用自由、平等取代宗法等级制；普及教育，废除祭孔读经；改易陋俗，剪辫子、禁缠足等，从而正式拉开现代礼仪的帷幕。

民国期间，由西方传入中国的握手礼开始流行于上层社会，后逐渐普及民间。

二十世纪三四十年代，中国共产党领导的苏区、解放区，重视文化教育事业及移风易俗，进而谱写了现代礼仪的新篇章。

8. 当代礼仪时期（1949 年—至今）

1949 年 10 月 1 日，中华人民共和国宣告成立，中国的礼仪建设从此进入一个崭新的历史时期。新中国成立以来，礼仪的发展大致可以分为三个阶段：

（1）礼仪革新阶段（1949—1966 年）

1949 年至 1966 年，是中国当代礼仪发展史上的革新阶段。此间，摒弃了昔日束缚人们的"神权天命""愚忠愚孝"以及严重束缚妇女的"三从四德"等封建礼教，确立了同志式的合作互助关系和男女平等的新型社会关系，同时，尊老爱幼、讲究信义、以诚待人、先人后己、礼尚往来等中国传统礼仪中的精华，也得到继承和发扬。

（2）礼仪退化阶段（1966—1976 年）

1966 年至 1976 年，中国进行了"文化大革命"。十年动乱使国家遭受了难以弥补的严重损失，也给礼仪带来一场"浩劫"。许多优良的传统礼仪，被当作"封资修"货色扫进垃圾堆。礼仪受到摧残，社会风气逆转。

（3）礼仪复兴阶段（1977 年—至今）

1978 年党的十一届三中全会以来，改革开放的春风吹遍了祖国大地，中国的礼仪建设进入新的全面复兴时期。从推行文明礼貌用语到积极树立行业新风，从开展"18 岁成人仪式教育活动"到制定市民文明公约，各行各业的礼仪规范纷纷出台，岗位培训、礼仪教育日趋红火，讲文明、重礼貌蔚然成风。广阔的华夏大地上再度兴起礼仪文化热，具有优良文化传统的中华民族又掀起了精神文明建设的新高潮。

二、东西方礼仪的差异

东方礼仪主要指中国、日本、朝鲜、泰国、新加坡等为代表的亚洲国家所代表的具有东方民族特点的礼仪文化。西方礼仪主要指流传于欧洲、北美各国的礼仪文化。

1. 在对待血缘亲情方面

东方人非常重视家族和血缘关系，"血浓于水"的传统观念根深蒂固，人际关系中最稳定的是血缘关系。

西方人独立意识强，相比较而言，并不是很重视家庭血缘关系，而更看重利益关系。他们将责任、义务分得很清楚，责任必须尽到，义务则完全取决于实际能力，绝不勉为其难。处处强调自由，追求个人利益。

2. 在表达形式方面

西方礼仪强调实用，表达率直、坦诚。东方人以"让"为礼，凡事都要礼让三分，与西方人相比，常显得谦逊和含蓄。

在面对他人夸奖所采取的态度方面，东、西方人则不同。面对他人的夸奖，中国人常常会说"过奖了""惭愧""我还差得很远"等字眼，表示自己的谦虚；而西方人面对别人真诚的赞美或赞扬，往往会用"谢谢"来表示接受对方的美意。

3. 在礼品馈赠方面

在中国，人际交往特别讲究礼数，重视礼尚往来，往往将礼作为人际交往的媒介和桥梁。东方人送礼的名目繁多，除了重要节日互相拜访需要送礼外，平时的婚、丧、嫁、娶、生日、提职、加薪都可以作为送礼的理由。

西方礼仪强调交际务实，在讲究礼貌的基础上力求简洁便利，反对繁文缛节、过分客套造作。西方人一般不轻易送礼给别人，除非相互之间建立了较为稳固的人际关系。在送礼形式上也比东方人简单得多。一般情况下，他们既不送过于贵重的礼品，也不送廉价的物品，但却非常重视礼品的包装，特别讲究礼品的文化格调与艺术品位。

同时在送礼和接受礼品时，东西方也存在着差异。西方人送礼时，总是向受礼人直截了当地说明："这是我精心为你挑选的礼物，希望你喜欢"，或者说"这是最好的礼物"之类的话；西方人一般不推辞别人的礼物，接受礼物时先对送礼者表示感谢，接过礼物后总是当面拆看礼物，并对礼物赞扬一番。而东方人则不同，中国人及日本人在送礼时也费尽心机、精心挑选，但在受礼人面前却总是谦虚而恭敬地说"微薄之礼不成敬意，请笑纳"之类的话。东方人在受礼时，通常会客气地推辞一番。接过礼品后，一般不当面拆看礼物，唯恐对方因礼物过轻或不尽如人意而难堪，或显得自己重利轻义，有失礼貌。

4. 在对待"老"的态度方面

东西方礼仪在对待人的身份地位和年龄上也有许多观念和表达上的差异。东方礼仪一般是老者、尊者优先，凡事讲究论资排辈。

西方礼仪崇尚自由平等，在礼仪中，等级的强调没有东方礼仪那么突出，而且西方人独立意识强，不愿老，不服老，特别忌讳"老"。

5. 在时间观念方面

西方人时间观念强，做事讲究效率。出门常带记事本，记录日程和安排，有约必须提前到达，至少要准时，且不应随意改动。西方人不仅惜时如金，而且常将交往方是否遵守时间当作判断其工作是否负责、是否值得与其合作的重要依据，在他们看来这直接反映了一个人的形象和素质。

遵守时间秩序，养成了西方人严谨的工作作风，办起事来井井有条。西方人工作时间和业余时间区别分明，休假时间不打电话谈论工作，甚至在休假期间断绝非生活范畴的交往。相对来讲，中国人使用时间比较随意，时间观念比较淡漠。包括改变原定的时间和先后顺序，中国人开会迟到，老师上课拖堂，开会做报告任意延长时间是经常的事。这在西方人看来是不可思议的，他们认为不尊重别人拥有的时间是最大的不敬。

6. 在对待隐私权方面

西方礼仪处处强调个人拥有的自由（在不违反法律的前提下），认为个人的尊严是神圣不可侵犯的。在西方，冒犯对方"私人的"所有权，是非常失礼的行为。西方人尊重别人的隐私权，同样也要求别人尊重他们的隐私权。

东方人非常注重共性拥有，强调群体，强调人际关系的和谐，邻里间的相互关心。问寒问暖，是一种富于人情味的表现。

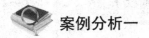 案例分析一

礼仪之争

乾隆五十八年（1793年）英国政府派马戛尔尼来中国，想以给乾隆皇帝祝寿的名义，与中国建立稳定的商务关系。据说带了价值一万三千英镑的礼物。乾隆帝却以为是来向他进贡祝寿的，旨称英使为"贡使"、礼品为"贡品"，并在其车船上插着"英国特使进贡"的旗子……在避暑山庄的万寿庆典上，英使会见乾隆的礼仪成为双方反复争论的焦点：清朝要求马戛尔尼行三跪九叩礼，以表示英国的"臣服"；而马戛尔尼拒绝行三跪九叩礼，只同意行单膝跪礼，并提出通商的要求。

乾隆帝认为：英国这种"蛮邦"只配向我天朝大国朝贡，单膝跪礼和通商要求都不合清朝体制，断不可行。于是乾隆向英王发出回书，对英王的要求，逐条批驳，断然拒绝。这标志着马戛尔尼使团访华失败。

分析思考：一个跪拜的礼节导致马戛尔尼使团访华的失败，这次礼仪之争，体现出怎样的时代和文化的内涵？

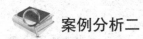 案例分析二

谦虚也有错的时候

一位英国老妇到中国游览观光，对接待她的导游小姐评价颇高，认为她服务态度好，语言水平也很高，便夸奖导游小姐说："你的英语讲得好极了！"小姐马上回应说："我的英语讲得不好。"英国老妇一听生气了，"英语是我的母语，难道我不知道英语该怎么说？"

分析思考：是什么原因导致老妇生气？从中分析东西方的礼仪有哪些差异？

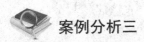 案例分析三

被拒绝的生日蛋糕

李先生为一位外国朋友订做生日蛋糕。他来到一家酒店的餐厅，对服务

小姐说："小姐，您好，我要为我的一位外国朋友订一份生日蛋糕，同时打一份贺卡，你看可以吗？"小姐接过订单一看，忙说："对不起，请问先生，您的朋友是小姐还是太太？"李先生也不清楚这位外国朋友有没有结婚，从来没有打听过，他为难地抓了抓后脑勺想想说："小姐？太太？一大把岁数了，太太。"生日蛋糕做好后，服务员小姐按地址到酒店客房送生日蛋糕，敲门后，一女子开门，服务员小姐有礼貌地说："请问，您是怀特太太吗？"女子愣了愣，不高兴地说："错了！"服务员小姐丈二和尚摸不着头脑，抬头看看门牌号，再回去打个电话问那位先生，没错，房间号码没错。再敲一遍，开门，"没错，怀特太太，这是您的蛋糕"。那女子大声说："告诉你错了，这里只有怀特小姐，没有怀特太太。"啪一声，门被大力关上，蛋糕掉到地上。

分析思考：李先生的好意为何会引起对方的不快？我们从中学习到哪些礼仪知识？

第三节 现代礼仪的特征和基本原则

一、现代礼仪的特征

礼仪是在漫长的社会实践中逐步演变、形成和发展起来的，学习运用礼仪有必要了解它的一些主要特征，这样有助于我们深化对礼仪的认识。

1. 规范性

礼仪和道德、法律一起被称为人类社会的三大规范。礼仪，指的就是人们在社会交往中待人接物时必须遵守的行为规范。这种规范性，不仅约束着人们在一切交际场合的言谈话语、行为举止，使之合乎礼仪；而且也是人们在一切交际场合必须采用的一种"通用语言"，是衡量他人、判断自己是否自律、敬人的一种尺度。总之，礼仪是约定俗成的一种自尊、敬人的惯用形式。因此，任何人要想在交际场合表现得合乎礼仪，彬彬有礼，都必须对礼仪无条件地加以遵守。另起炉灶，自搞一套；或是只遵守个人适应的部分，而不遵守不适应自己的部分，都难以被交往对象所接受，所理解。

2. 共同性

所谓共同性是指礼仪是全社会的约定俗成，是全社会共同认可、普遍遵守的准则。一般来说，礼仪代表一个国家、一个民族、一个地区的文化习俗特征。但不少礼仪是全世界通用的，具有全人类的共同性。

3. 传承性

礼仪的形成和完善，是历史发展的产物，任何国家的现代礼仪都是对本国古代礼仪的继承和发展。礼仪的继承性是批判地继承，任何礼仪的形成与发展都不是食古不化、全盘沿用，而是取其精华、去其糟粕的继承发展。

4. 差异性

"十里不同风，百里不同俗"。不同的国家和民族，因其历史与文化的不同，其礼仪的表现形式和思想观念也各不相同。这种民族差异性使不同国家、不同民族的礼仪文化各具特色，丰富多彩，如东方民族的含蓄、深沉，西方文化的坦率、开放；东方人见面习惯拱手、鞠躬，西方人见面习惯接吻和拥抱。

5. 时代性

世界上任何事物都是发展变化的。礼仪虽然有较强的相对独立性和稳定性，但它也毫不例外地随着时代的发展而发展变化。礼仪具有时代性，同一国家、同一民族的礼仪文化在不同时代的发展过程中，都会被打上时代的烙印。

二、现代礼仪的基本原则

在日常生活之中，学习、应用礼仪，有必要在宏观上掌握一些具有普遍性、共同性、指导性的礼仪规律。这些礼仪规律，即礼仪的原则。孔子说："礼仪三百，威仪三千。"说明古时中国礼仪名目之多。现代人社会活动的丰富性比之以往成几何级数扩展，今日礼仪细则更加纷繁，世界各国的礼仪习俗，更是五彩缤纷。在具体遵行礼仪时，要把握以下原则：

1. 遵守

所谓遵守，一是守法循礼，二是守约重诺。遵守礼仪规范，才能赢得他人的尊重，确保交际活动达到预期的目标。

2. 尊敬

孔子曾经对礼仪的核心思想有过一次高度的概括，他说："礼者，敬人也"。尊敬是礼仪的情感基础。在我们的社会中，人与人是平等的，尊敬他人，关心客户，这不但不是自我卑下的行为，反而是一种至高无上的礼仪。"敬人者人恒敬之，爱人者人恒爱之""人敬我一尺，我敬人一丈"。"礼"的良性循环借助这样的机制而得以生生不已。当然，礼待他人也是一种自重，不应以伪善取悦于人，更不可以富贵骄人。尊敬人还要做到入乡随俗，尊重他人的喜好与禁忌。

3. 真诚

礼仪上所讲的真诚，就是要求在人际交往中运用礼仪时，务必待人以诚，诚心诚意，诚实无欺，言行一致，表里如一。只有如此，自己在运用礼仪时所表达的对交往对象的尊敬与友好，才会更好地被对方所理解和接受。与此相反，倘若仅把运用礼仪作为一种道具和伪装，对具体操作礼仪规范时口是心非，言行不一，弄虚作假，投机取巧，或是当时一个样，事后一个样，有求于人时一个样，被人所求时另外一个样，则是有悖礼仪的基本宗旨的。

4. 平等

在具体运用礼仪时，允许因人而异，根据不同的交往对象，采取不同的方法。不允许因为交往对彼此之间在年龄、性别、种族、文化、职业、身份、地位、财富以及与自己的关系亲疏远近等方面有所不同，就厚此薄彼，区别对待，给予不同待遇。这便是社交礼仪中平等原则的基本要求。

5. 适度

礼仪是一种程序规定，而程序自身就是一种"度"，没有"度"，施礼就可能进入误区。交往应把握礼仪分寸，得体适度，根据具体情况、具体情境而行使相应的礼仪。古人云："君子之交淡如水，小人之交甘如醴。"此话不无道理。在人际交往中，沟通和理解是建立良好人际关系的重要条件，但如果不善于把握沟通时的感情尺度，即人际交往缺乏适度的距离感，结果会适得其反。例如在一般交往时，既要彬彬有礼，又不能低三下四；既要热情大方，又不能轻浮谄谀。在接待服务时，既要热情友好、谦虚谨慎、尊重客人、殷勤接待、又要自尊自爱、端庄稳重、平等公正、不卑不亢。即使谦虚也不能过度。所谓适度，就是要注意感情适度、谈吐适度、举止适度。

6. 宽容

宽容原则的基本含义，是要求人们在交际活动中运用礼仪时，既要严于律己，更要宽以待人。要多容忍他人，多体谅他人，多理解他人，千万不要求全责备，斤斤计较，过分苛求，咄咄逼人。在人际交往中，要容许其他人有个人行动和独立进行自我判断的自由。对不同于己、不同于众的行为要耐心容忍，不必要求他人处处效法自身，与自己完全保持一致，实际上也是尊重对方的一个主要表现。

7. 从俗

从俗就是指交往各方面都应尊重相互之间的风俗、习惯，了解并尊重各自的禁忌。由于国情、民族、文化背景的不同，在人际交往中，实际上存在着"十里不同风，百里不同俗"的情况。对这一客观现实要有正确的认识，不要自高自大，唯我独尊，以我画线，简单否定其他人不同于已的做法。必要之时，入乡随俗，与绝大多数人的习惯做法保持一致，切勿目中无人，自以为是，指手画脚，随意批评，否定其他人的习惯性做法。遵守从俗的原则，对礼仪的应用会更加得心应手，有助于人际交往。

8. 自律

礼仪规范由对待个人的要求与对待他人的做法这两大部分所构成。对待个人的要求，是礼仪的基础和出发点。学习礼仪、应用礼仪，最重要的就是要自我要求、自我约束、自我控制、自我对照、自我反省、自我检点，这也是所谓自律的原则。古语云："己所不欲，勿施于人。"若是没有对自己的首先要求，人前人后不一样，只求诸人，不求诸已，不讲慎独与克已，遵守礼仪就无从谈起。遵行礼仪应注意自我克制，"不失足于人，不失色于人，不失口于人，语言之美，穆穆皇皇"。即是说在人际交往中，行动上不要出格，仪态上不要失态，言语上不要失礼，说话时要谦恭文雅，注重语言美。

9. "互动"

要坚持礼尚往来，有来无往有失礼节。在公关交际活动中要积极主动，要"给予"，不要总是被动地接受。因为公关交际活动像拍掌，一只手拍不响，两只手才能拍出各种节奏。"互动"就是各方都要适时主动，有呼有应。

总之，掌握并遵行礼仪原则，就能把握事态发展的基本方向，从而以不变应万变，就有可能成为待人诚恳、彬彬有礼的人，成为一个广受欢迎的人，一个不断走向成功的人。

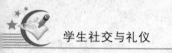

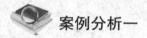 案例分析一

无法领情的热情

李先生请客，王女士和几位朋友一起应邀到餐馆吃饭。席间，李先生的夫人非常热情，不停地给大家夹菜。每上来一道菜，李夫人就用自己的筷子挨个给每个人的碟子里都夹上一筷子。没一会儿工夫，王女士面前的碟子就盛满了。王女士不爱吃辣的，可没等她说碟子里就放进了水煮鱼。不吃吧，浪费又不礼貌，吃又吃不了。

分析思考：李夫人的热情行为王女士为什么不领情？从礼仪的角度分析李夫人的做法不符合礼仪的什么原则？

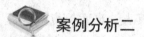 案例分析二

玉帛成干戈

齐国国君齐顷公在朝堂接见来自晋国、鲁国、卫国和曹国的使臣，各国使臣都带来了墨玉、币帛等贵重礼品献给齐顷公。献礼的时候，齐顷公向下一看，只见晋国的亚卿郁克是个独眼，鲁国的上卿是个秃头，卫国的上卿孙良夫是个跛脚，而曹国的大夫公子首则是个驼背，不禁暗自发笑：怎么四国的使臣都是有毛病的。当晚，齐顷公见到自己的母亲萧夫人，便把白天看到的四个人当笑话说给萧夫人听。萧夫人一听便乐了，执意要亲眼见识一下。正好第二天是齐顷公设宴招待各国使臣的日子，于是便答应，让萧夫人届时躲在帷帐的后面观看。第二天，当四国使臣的车子一起到达，众人依次入厅时，萧夫人掀开帷帐向外望，一看到四个使臣便忍不住大笑了起来，她的随从也个个笑得前仰后合。笑声惊动了众使者，当他们弄明白原来是齐顷公为了让母亲寻开心，特意做了这样的安排时，个个怒不可遏，不辞而别。四国使臣约定各自回国请兵伐齐，血洗在齐国所受的耻辱。四年后，四国联合起来讨伐齐国，齐国不敌，大败，齐顷公只得讲和，这便是春秋时著名的"鞍之战"。

分析思考：从以上案例中，谈谈你对礼仪中尊敬原则的理解。

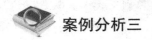 案例分析三

喝洗手水的赢家

20 世纪中期，英国王室设国宴款待印度当地一居民首领，伦敦各界不少名流应邀参加了盛大的宴会，英国王太子温莎公爵主持了这次盛会。宴会开始后，达官贵人为印度居民首领频频举杯，宾主相与甚欢，气氛融洽。就在宴会接近尾声的时候，发生了一件事：侍者为每位客人端出了一个精致的洗手盆，印度客人看到美妙的银盆里亮晶晶的水，以为是供人喝的，毫不迟疑地端起来一饮而尽。客人的这一举动使侍者的脸上掠过一丝诧异，此时的温莎公爵神色自若，也优雅地端起盆来把水一饮而尽。接着那些参加宴会的绅士贵人们纷纷仿效印度客人和公爵的样子，自然而得体地把属于自己的那份洗手水一饮而光。本来不能造成的难堪和尴尬瞬间化为乌有，宴会取得了预想的成功，受到了豪华而热情款待的印度首领，既感动又有些受宠若惊。回国后，印度保持和发展了与英国的关系，英国也从此在印度获得了长久的国家利益。

分析思考： 一位哲人说：真正的智者不是不把汤泼在桌子上，而是别人不小心把汤撒在桌子上的时候他不去看。撇开公爵喝洗手水的政治意义不谈，单从公爵这一生活智慧来说，这不但是一种宽容，更是一种超凡脱俗的大涵养。谈谈你从中能受到哪些礼仪修养方面的启示？

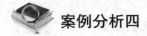 案例分析四

更换牛皮沙发的原因

在一次印度官方代表团前来我国某城市进行友好访问时，为了表示我方的诚意，有关方面做了积极准备，就连印度代表下榻的饭店里也专门换上了宽大、舒适的牛皮沙发。可是，在我方的外事官司员事先进行例行检查时，这些崭新的牛皮沙发却被责令立即撤换掉。原来，印度人大多信奉印度教，而印度教敬牛、爱牛、奉牛为神，因此无论如何都不应该请印度人坐牛皮沙发。

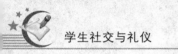

分析思考： 以上案例能让你从中了解到礼仪的哪些原则？

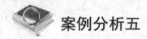 案例分析五

重要的"面孔"

《三国演义》中凤雏庞统准备效力东吴，于是去面见孙权。孙权见到庞统相貌丑陋，心中先有几分不喜，又见他傲慢不羁，更觉不快。最后，这位广招人才的孙仲谋竟把与诸葛亮比肩齐名的奇才庞统拒于门外，尽管鲁肃苦言相劝，也无济于事。

美国总统林肯也曾因为相貌偏见拒绝了朋友推荐的一位才识过人的阁员。当朋友愤怒的责怪林肯以貌取人，说任何人都无法为自己的天生脸孔负责时，林肯说："一个人过了四十岁，就应该为自己的面孔负责。"

分析思考： 我们知道，没有人能选择自己的长相，那是父母给的，但我们可以通过提高自身修养来整饰自己的形象，案例中的"面孔"指的是什么？你认为人的"第一印象"在社交中有什么作用？

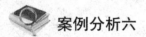 案例分析六

一口痰"吐掉"一项合作

某医疗器械厂与美国客商达成了引进"大输液管"生产线的协议，第二天就要签字了。可是，该厂厂长在陪同外商参观车间的时候，向墙角吐了一口痰，然后用鞋底去擦。这一幕让外商彻夜难眠，他让翻译给那位厂长送去一封信："恕我直言，一个厂长的卫生习惯可以反映一个工厂的管理素质。况且，我们今后要生产的是用来治病的输液皮管。贵国有句谚语：人命关天！请原谅我的不辞而别……"一项已基本谈成的项目，就这样"吹"了。

分析思考： 从以上案例分析学习礼仪要掌握什么原则？学校要求保持校园、教室卫生，你是如何看待的？

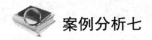

案例分析七

小处不可随便

有人把于右任先生写的"不可随处小便"重新组合装裱，于是就有了"小处不可随便"典故。其实，"小处不可随便"是中国人自古以来的一条处世原则。古语道：战战栗栗，日谨一日。人莫蹶与山，而蹶与垤。告诫人们时时提防被小土堆绊倒，或是"小处不可随便"的最古老的典故。

有一个年轻人去应聘，面试的时候，外面等了很多人，叫到谁，谁就去经理室，应试者往往推门而入。叫到这位年轻人的时候，他在门口敲门问道："我可以进来吗？"经理说可以，年轻人才进去。几天以后，这家公司便通知年轻人去上班。过了一段时间，年轻人和这位经理熟了，就问经理看中了他什么优点。经理回答说："说老实话，你哪一点都不比别人强，我看中你的是你进我房间的时候敲了门。敲门说明你很懂礼貌，而懂礼貌，说明你有修养，有修养的人不说能在公司大有作为，至少不会给公司添麻烦。"

20世纪60年代，前苏联宇航员加加林，乘"东方"号宇宙飞船进入太空遨游了108分钟，成为世界上第一位进入太空的宇航员。他在20多名宇航员中，之所以能够脱颖而出，起决定作用的是一个偶然的事件。原来，在确定人员的前一个星期，主要设计师罗廖夫发现，在进入飞船前，只有加加林一个人脱下鞋子，只穿袜子进入座舱。就是这个细节一下子赢得了罗廖夫的好感，他感到这个27岁的青年如此懂得规矩，又如此珍爱他为之倾注心血的飞船，于是决定让加加林执行人类首次太空飞行的神圣使命。

分析思考：以上案例给你什么启示？你是怎样理解"小处不可随便"的？

活动与探究

搜集一两则关于中国礼仪的佳话，与同学们一起交流。

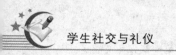

开篇寄语：

　　几千年的人类文明史，人们对文雅的礼仪和悦人的仪态，一直孜孜以求。而今，随着社会竞争的激烈，现代社会人际交往日渐频繁，对个人礼仪更是倍加关注。让学生在"敬人、自律、适度、真诚"的原则上进行人际交往，告别不文明的言行，成为一名"知礼、懂礼、习礼、行礼"的当代优秀学生。

第二章

仪容仪表礼仪

◎**教学目标：**

　　📖**知识目标**　掌握仪容仪表的基本概念和相互关系，了解仪容仪表礼仪在社交场合中的作用。

　　📖**技能目标**　掌握有关仪容、仪表的礼仪规范要求；掌握在不同场合和环境中服饰的选择和具体着装规范，能够在具体生活工作中熟练、得体地穿戴和搭配等基本常识。

　　📖**情感目标**　逐渐养成规范意识，能够按照学到的仪容礼仪约束自身行为，提升自己的人文素质、职业素质和道德水准。

◎**名言警句：**

一个人的穿着打扮，就是他的教养、阅历和社会地位的标志。整洁、得体、和谐、优雅，是最基本的要求。着装也是一种礼仪，好的着装会让人赏心悦目，并且一见难忘。

——莎士比亚

◎**注重仪容仪表的意义：**

❖　仪容仪表是树立良好公众形象的前提和基础。

❖　注重仪容仪表是尊重他人的需要。

❖　良好的仪容仪表可以缩短人与之间的心理距离。

❖　良好的仪容仪表是增强自信心的有效手段。

❖　仪容仪表反映出一个人的精神状态和礼仪素养，是人们交往中的"第一形象"，也是自尊自爱的表现。

 精品阅读

小节的象征

一位先生要雇一个没带任何介绍信的小伙子到他的办公室做事，先生的朋友挺奇怪。先生说："其实，他带来了不止一封介绍信。你看，他在进门前先蹭掉脚上的泥土，进门后又先脱帽，随手关上了门，这说明他很懂礼貌，做事很仔细；当看到那位残疾老人时，他立即起身让座，这表明他心地善良，知道体贴别人；那本书是我故意放在地上的，所有的应试者都不屑一顾，只有他俯身捡起，放在桌上；当我和他交谈时，我发现他衣着整洁，头发梳得整整齐齐，指甲修得干干净净，谈吐温文尔雅，思维十分敏捷。怎么，难道你不认为这些小节是极好的介绍信吗？"

这个案例告诉我们，一个人的仪容仪表关乎着别人对你的第一印象，仪容仪表对你的影响也不仅仅局限在表面，我们学习仪容仪表礼仪的重要性也就不言而喻了。

仪表和仪容是实施个人礼仪的第一步，仪容、仪表、仪态不但是人的第一张名片，更是一张伴随终生的永恒名片。

仪容是人的容貌长相，仪表包括人的体型、健康状况、姿态、服饰、风

度等方面，是人举止风度的外在表现。一个人的仪容美和仪表美体现了对他人、对社会的尊重，表现出一个人的精神状态和对生活的热爱。仪容美和仪表美是自然美与社会美、静态美与动态美协调统一的整体美。因此，仪表与仪容如何，不仅会引起交往对象的特别关注，而且可以影响到交往对象对行为主体的评价。

第一节　仪容礼仪

仪容，通常是指人的外观、外貌。其中的重点，则是指人的容貌。在人际交往中，每个人的仪容都会引起交往对象的特别关注，并将影响到对方对自己的整体评价。在个人的仪表问题之中，仪容是重点之中的重点。

仪容修饰的基本要素是貌美、发美、肌肤美。每个人的容貌是无法改变的，但后天的修炼和修饰可以弥补不足，使一个长相普通的人变得楚楚动人，气质出众。通过努力学习，不断提高个人的文化、艺术素养和思想、道德水准，可以培养出自己高雅的气质与美丽的心灵，这不仅体现个人对美的追求，也是社会交往的需要。

一、仪容

整洁、自然、端庄是仪容仪表的基本要求。

（一）清洁

清洁是仪容美的关键，是个人礼仪的基本要求，也是当今社会与人交往、取得成功的必要条件。

1. 面部清洁：每天早晚各一次面部清洁工作，水温应在 37 度左右，可以温和并彻底的卸除脸上的化妆品、表面油脂及污垢。

2. 口腔清洁：保持牙齿清洁，要坚持早晚刷牙。

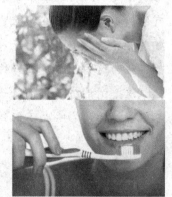

常规的牙齿保洁应做到"三个三"，即三顿饭后都要刷牙，每次刷牙的时间不少于三分钟，每次刷牙的时间应在饭后三分钟内。口腔异味影

响交际，必要时可以用口香糖来减少口腔异味。但应注意，在正式场合嚼口香糖是不礼貌的，与人交谈时，也应避免嚼口香糖。

3. 鼻子清洁：在接待客人前，最好检查一下自己的鼻毛是否过长，以免有碍观瞻。如鼻毛过长应用小剪刀剪短，但不要去拔。保持鼻腔的清洁，不要用手去抠鼻孔，尤其是在客人面前，这样既不文雅，又不卫生。

4. 手的清洁：在交际活动中，手占有重要的位置。接待客人时，我们通常以握手的礼节来表示对客人的欢迎，然后再伸出手递送名片等，客人总是先接触到我们的手，形成第一印象。通过观察手，可以判断出一个人的修养与卫生习惯，甚至对生活的态度。因此，应经常清洗自己的手，修剪指甲。手的清洁与一个人的整体形象密切相连，应当引起足够的重视。但在任何公众的场合修剪指甲，都是不文明、不雅观的举止。

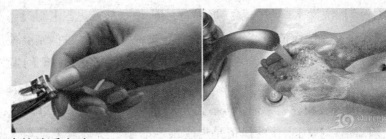

正确的洗手方法：

第一步：取适量的皂液于手心；

第二步：双手掌心相对摩擦；

第三步：双手掌心向下相叠，十指交叉，摩擦指缝和手背；双手位置交换；

第四步：十指相握，相对摩擦指尖和甲沟；

第五步：一只手握对侧手拇指摩擦，再交换；

第六步：一只手摩擦对侧手腕，再交换。

【注意事项】

❖　绝对不要与别人共享毛巾或纸巾。

❖　抹手纸用后应妥善弃置。

❖　抹手毛巾应放置妥当，并应每日至少彻底清洗一次，如能预备多条毛巾供替换，则更为理想。

❖　在没有洗手设备的情况下，可用含 65－95% 酒精的洗手消毒剂消毒双手。

5. 头发清洁：应该养成周期性洗发的习惯，一般每周洗 2~3 次即可。易出油的头发应该 2 天洗 1 次；干性的头发洗头间隔时间可稍长一些。洗前先将头发梳理通顺，湿润后用洗发用品轻揉，最后冲洗干净。

6. 身体清洁：讲究个人卫生，养成良好的卫生习惯，身体勿带异味。常常洗澡是必要的，尤其是参加一些正式活动之前一定要洗澡。有些人喜欢使用香水，走到哪里香到哪里，这也是不礼貌的，所以在工作中最好不用香水。

【温馨提示】洗澡水应与体温接近为宜，即 40℃ 左右。若水温过高会使全身表皮血管扩张，心脑血流量减少，容易发生缺氧；而水温过低则会使皮肤毛孔紧闭，不利于清除污垢，也会令体内热量散发不出来，浴后感觉四肢无力。此外，沐浴时间最好控制在 20 分钟以内，并且保持通风。如果皮肤不是很油的话，选择中性的浴液和香皂为好，但不必天天用，隔两三天用一次即可。

7. 胡须清洁：我国当代的风俗是男子不蓄胡须，所以若不是老人或职业上的特殊需要，都不要蓄胡须，男士每日要把脸刮干净。特别要指出的是，不可当众剃须。在校学生、商务人员一般不提倡留长发、蓄胡须。

（二）化妆

化妆是指运用化妆品和工具，采取合乎规则的步骤和技巧，对人的面部、五官及其他部位进行渲染、描画、整理，增强立体印象，调整形色，掩饰缺陷，表现个人神采化妆并不能达到其美容的目的。

1. 化妆步骤：

（1）洁面

化妆前首先要将脸洗净，用温水配合洗面奶去除脸部和颈部的汗水、油垢和灰尘。

（2）润肤

洁面后用化妆棉涂抹爽肤水或化妆水，然后涂抹润肤霜或是润肤露。

（3）隔离

通常绿色和蓝色的隔离有很好的遮盖作用，适合脸部有斑点或其他瑕疵的人使用。紫色则比较适合东方人偏黄的皮肤。白色比较适合透明妆。

（4）粉底

选择底色型号与质地要以接近个人肤色为原则，实际应用中首先要做到不留痕迹，再利用底色的色彩差别打出立体感而不留界限。

（5）粉

根据肤质或妆容选择粉底或散粉，达到提亮与定妆的效果。

（6）眼部的修饰

首先是眉毛的修剪。必要时用眉刷和眉粉修饰。用眼线或眼线液沿睫毛线内侧边缘轻轻画好眼线，可使眼睛看上去更加立体、有神。眼影要根据不同的妆容和服装选择颜色的搭配。

（7）腮红

腮红能使整个脸部显得柔美自然，也能使额骨显得突出。用刷子在额骨处打圈往上画，向着太阳穴的位置，然后再用同色胭脂粉轻扫太阳穴部位，可使面部色彩显得浓淡和谐。

（8）唇部的修饰

先用一块小化妆海绵沾少量粉底遮盖住原来的嘴唇轮廓，并涂在唇上，这样可以使唇膏上的更均匀，并能更持久。用唇线笔勾画出理想的唇线，再用唇刷将颜色涂在整个唇部。画完以后，吸干油脂，重复画一次会使唇装比较持久。过程中应保持唇部的放松，上下唇分开做微笑状。

（9）修正

最后检查化妆的效果，进行必要的修正。还可以根据场合喷洒合适的香水。

2. 化妆基本要求

自然——淡雅，起美化作用，力争做到"清水出芙蓉，天然去雕饰"。

协调——化妆用品最好成系列（味道），化妆用品跟服饰协调（颜色），这主要指的是自身整体的协调、与环境的协调和与身份的协调。

避人——距离产生美。

【温馨提示】化妆的注意事项

❖ 化妆的浓淡要视时间、场合而定；

❖ 不要在公共场所内化妆，也不要在他人面前化妆，特别是不要在男士面前化妆；

❖ 不要非议他人的妆容；

❖ 不要借用他人的化妆品，这样既不卫生，又不礼貌；

❖ 不建议男生化妆，毕竟不是选美比赛，只要保持面部干净、胡须整洁就可以了。

 **精品阅读**

皮肤类型及化妆品的选择

皮肤类型	皮肤特性	化妆品的选择
干性皮肤（干燥型皮肤）	角质层的含水量低于10%，pH>6.5，皮脂分泌量少，皮肤干燥、缺少油脂，皮纹细，毛孔不明显，洗脸后有紧绷感，对外界刺激（如气候、温度变化）较敏感，易出现皮肤皲裂、脱屑和皱纹。干性皮肤既与先天性因素有关，也与经常风吹日晒、使用碱性洗涤剂过多有关。	不宜用肥皂洗脸，尽量少用清洁剂，如果用的话，用弱碱性的香皂或弱酸性的洗面奶，洗脸的水温约摄氏30度为宜，洗脸后应擦含油分较多的护肤品，如冷霜等，避免暴晒，如果晒后可用防晒霜。洗脸后，先用不含酒精的化妆水，柔软皮肤，然后外用面霜。缺乏水分的干性皮肤，易起皮屑和皱纹，化妆品宜选用天然油脂，如橄榄油，比油脂化妆品更有益。

（续表）

皮肤类型	皮肤特性	化妆品的选择
中性皮肤 （普通型皮肤）	理想的皮肤类型。其角质层含水量为20%左右，pH为4.5～6.5，皮脂分泌量适中，皮肤表面光滑细嫩，不干燥、不油腻，有弹性，对外界刺激适应性较强。	中性皮肤适合用香皂洗脸，选择化妆品的范围比较大，一般的膏霜类化妆品均可使用。
油性皮肤 （多脂型皮肤）	多见于中青年及肥胖者。其角质层含水量为20%左右，pH＜4.5，皮脂分泌旺盛，皮肤外观油腻发亮，毛孔粗大，易黏附灰尘，肤色往往较深，但弹性好，不易起皱，一般来说，对外界刺激不敏感。油性皮肤多与雄激素分泌旺盛、偏食高脂食物及香浓调味品有关，易患痤疮、脂溢性皮炎等皮肤疾病。	每天洗脸两三次即可，最好用微酸性的洗面奶或碱性减弱的香皂洗脸，然后用含有樟脑成分的化妆水涂抹脸部，可以收敛毛孔，防止粉刺形成，选用雪花膏奶液等含油较少的护肤品，不宜擦油性化妆品和易阻塞毛孔的粉剂化妆品。
混合性皮肤	是干性、中性或油性混合存在的一种皮肤类型。多表现为面中央部位（即前额、鼻部、鼻唇沟及下颌部）呈油性，而双面颊、双颞部等表现为中性或干性皮肤。躯干部皮肤和毛发状况与头面部一致，油性皮肤者毛发亦多油光亮，干性皮肤者毛发亦显干燥。	化妆品选择可酌情参考干性、中性或油性皮肤的选择方法。
敏感性皮肤 （过敏性皮肤）	多见于过敏体质者。皮肤对外界刺激的反应性强，对冷、热、风、紫外线、化妆品等均较敏感，易出现红斑、丘疹和瘙痒等皮肤表现。	尽量少用清洁剂，如用可选择弱酸性洗面奶，洗脸温度在30度左右，化妆品选用无刺激性的冷霜、雪花膏、橄榄油或含高级脂肪醇原料的护肤膏，不易用含香精、PABA及荧光增白剂的防晒剂。如果选用不合适的化妆品，极易出现红斑、水疱和瘙痒等过敏性反应。

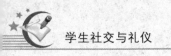 精品阅读

仪容保健常识

1. 保持乐观情绪，微笑增强皮肤弹性。
2. 保持良好睡眠，一天保证 6~8 小时。
3. 保持充足水分，一天保证八杯水。
4. 保持良好饮食，如：黄瓜、冬瓜、西红柿、胡萝卜。
5. 保持皮肤清洁，温水洗脸。

（三）发型

美的发型能衬托人的气质和个性，美的发型能使人增强自信，扮靓生活。发型可表现出庄重、喜庆、活泼、典雅等不同感觉，每个人可根据自身爱好、脸型、年龄和职业选择合适的发型。

1. 发型与脸型

（1）长脸型

对于脸型狭长的女性来说，应将头发做成卷曲波浪式，或选择松动而飘逸、整齐中带点乱的发型，这样可提升优雅的气质。

（2）圆脸型

圆脸型应增加发顶的高度，宜侧分头缝，梳理垂直向下的发型，直发的纵向线条可以在视觉上减弱圆脸的宽度。

（3）方脸型

要点是以圆破方，以柔克刚，可将头发编成发辫盘在脑后，前额不宜留齐整的刘海，也不宜全部暴露额部，可以用不对称的刘海修饰宽直的前额边缘线，避免留齐至腮帮的直短发。

（4）菱形脸

一般将额上部的头发拉宽，额下部的头发逐步紧缩，靠近颧骨处可设计一种大弯形的卷曲或波浪式的发束，以遮盖其凸出的缺点。

（5）三角形脸型

梳理时要将耳朵以上部分的发丝蓬松起来，用喷发胶或定型剂可以达到这种效果。

（6）倒三角形脸型

适合选择侧分透风的不对称发式，露出饱满的前额。

（7）椭圆形脸型

这是女性中最完美的脸型，但应注意尽可能把脸显现出来，突出这种脸型协调的美感，而不宜用头发把脸遮盖过多。

2. 发型选择的原则

任何一个人在选定适合自己的发型时，都要考虑自身的发质、年龄、身材、职业、场合等因素，综合平衡后做出选择。一般情况下，男性发型首要的原则是简洁和清爽，不宜留长发；女性首要的原则是端庄，不宜崇尚过于华丽和美艳的发型。

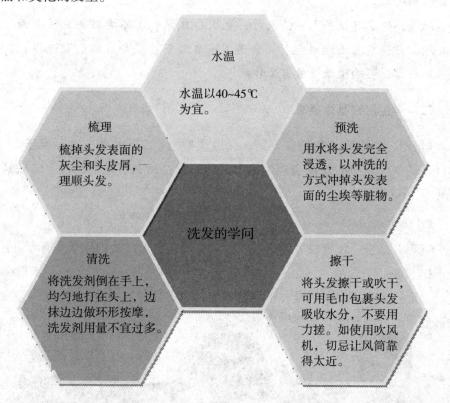

水温

水温以40~45℃为宜。

梳理

梳掉头发表面的灰尘和头皮屑，理顺头发。

预洗

用水将头发完全浸透，以冲洗的方式冲掉头发表面的尘埃等脏物。

洗发的学问

清洗

将洗发剂倒在手上，均匀地打在头上，边抹边边做环形按摩，洗发剂用量不宜过多。

擦干

将头发擦干或吹干，可用毛巾包裹头发吸收水分，不要用力搓。如使用吹风机，切忌让风筒靠得太近。

【健康小贴士】冬天的早晨千万别洗头

很多人习惯在早上洗头，特别是年轻人，都喜欢早早起床洗头，将睡了一宿乱糟糟的头发打理好，然后化一个美美的妆，开启精力充沛的一天。然而，早上洗头虽然对仪容仪表有好处，可是对身体有好处吗？答案是没有，早上洗头对身体并不好。特别是在冬季早晨洗头，对身体伤害很大。

这主要是因为当人们一早睡醒后，身体的各项机能还未完全恢复，身体的血液循环也异常缓慢。一旦早上洗头，水（特别是冷水）就特别容易刺激到脑部，加速脑部血液的循环，这就给大脑造成了极大的负荷，长此以往，极其有害健康。

另外，如果在冬季的早晨洗头，情况就更严重了。这主要是因为早晨起床匆匆忙忙，极容易在头发没干透的情况下就出门。而头部的毛孔开放，极容易吸入寒风，遭受风寒，轻则会引起感冒或头痛，重则会导致关节疾病甚至是肌肉麻痹。

此外，除了建议早上不洗头外，也同样建议晚上不要在头发没干的情况下睡觉。当头发没干就睡觉时，会造成头昏脑涨，头部发麻。长此以往，容易头痛头晕，影响生活质量与工作效率。

二、学生仪容基本要求

《论语·雍也》："质胜文则野，文胜质则史，文质彬彬，然后君子。"仪容仪表是个人涵养的外在表现，是心灵的写照，那么，学生的仪容应做到哪些要求？

（一）规范化

对穿着打扮，仪容仪表等均做出相应的规定，形成法则使学生有章可循。

1. 发型：

男生：男生不得留长发，不得剃光头，不得染发、烫发，做到前不及额，侧不掩耳，后不及领，不留怪发型。

女生：发型应该简洁明快，适合学生的年龄特点，避免发型的成人化，不能烫发，更不能剪成怪异的发型。发饰不可杂乱，给人以清新、活泼之感。

2. 面部及口腔

男生：胡须要剃净，鼻毛应剪短，不留胡子；

女生：不能浓妆艳抹，并避免使用气味浓烈的化妆品。

3. 指甲

不能留长指甲，保持指甲的清洁，指甲缝中不能留有污垢，不要涂有色的指甲油。

4. 鼻子和体毛

鼻毛不能过长，体毛必须修整。

（二）整体性

仪表仪容要和其他的言谈、举止，以至修养等相联系、相适应，融为一体。

（三）勤于检查

1. 定期清洗：清洁卫生是仪容美的关键，是礼仪的基本要求。不管长相多好，服饰多华贵，若满脸污垢，浑身异味，必然破坏一个人的美感。因此，每个人都应该养成良好的卫生习惯，做到入睡起床洗脸、洗脚，饭后勤刷牙，经常洗头、洗澡，讲究梳理，勤更衣。

2. 定期修剪：发型大方，长度适中。

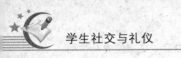

第二节　仪表礼仪

 精品阅读

有位女职员是财税专家，她有很好的学历背景，常能为客户提供很好的建议，在公司里的表现一直很出色。但当她到客户的公司提供服务时，对方主管却不太注重她的建议。

一位时装大师发现这位财税专家在着装方面有明显的缺憾：她26岁，身高147厘米、体重43公斤，看起来机敏可爱，喜爱着童装，像个16岁的小女孩，其外表与她所从事的工作相距甚远，所以客户对于她所提出的建议缺少安全感、依赖感，所以她的创意难以实现。这位时装大师建议她用服装来强调学者的专家气势，用深色的套装，对比色的上衣、丝巾、镶边帽子来搭配，甚至戴上重黑边的眼镜。女财税专家照办了，于是，客户的态度有了较大的转变。很快，她成为公司的董事之一。

这个案例告诉我们，随着社会经济、文化的发展，如何得体、适度的穿着已成为一门大有可为的学问。服装不是一种没有生命的遮羞布，它不仅是布料、花色和缝线的组合，更是一种社会工具，它向社会中其他的成员传达出信息，像是在向他人宣布说："我是什么个性的人？我是不是有能力？我是不是重视工作？我是否合群？"穿着得体，不仅能赢得他人的信赖，给人留下良好的印象，而且还能够提高与人交往的能力。相反，穿着不当，举止不雅，往往会降低了你的身份，损害你的形象。由此可见，仪表是一门艺术，它既要讲究协调、色彩，也要注意场合、身份。同时它又是一种文化的体现。那么，在仪表方面我们应该注重些什么呢？

第一，协调。

对于年龄来说，不同年龄的人有不同的穿着要求，年轻人应穿着鲜艳、活泼、随意一些，体现出年轻人的朝气和蓬勃向上的青春之美。比如，教师的仪表应庄重，学生的仪表应大方整洁。当然，仪表也要与环境相适应，在办公室的仪表与在外出旅游时的仪表当然不相同。

第二，色彩的搭配。

在选择服装、饰物的色彩时，应考虑到肤色与各种色调的协调，选定合适的着装、饰物。

第三，注意场合。

根据不同的场合来进行着装，喜庆场合、庄重场合及悲伤场合应注意穿着不同的服装，要遵循不同的规范与风俗。

从礼仪的角度看，着装不能简单地等同于穿衣。它是着装人基于自身的阅历修养、审美情趣、身材特点，根据不同的时间、场合、目的，力所能及地对所穿的服装进行精心的选择、搭配和组合。

一、正装

1. 男士正装的七个原则

（1）三色原则就是男士身上的色系不应超过三种，很接近的色彩视为一种。

（2）三一定律

鞋子、腰带、公文包三处保持同一颜色，黑色最佳。

（3）三大禁忌

左袖商标要拆除；不能穿尼龙丝袜，不能穿白色袜；领带质地选择真丝或毛的，除非制服配套否则不用一拉得，颜色一般采用深色，穿夹克不打领带。

（4）有领原则

服装必须是有领的，无领的服装如 T 恤、运动衫一类不能成为正装。男士正装中的领，通常体现为有领衬衫。

（5）纽扣原则

绝大部分情况下，正装应当是纽扣式的服装，拉链服装不能成为正装。

（6）皮带原则

男士的长裤必须是系腰带的，牛仔裤自然也不算。

（7）皮鞋原则

正装离不开皮鞋，运动鞋和布鞋、拖鞋是不能搭配正装的。

二、西装

西服原本是欧美国家的一种传统服装，随着国际交往的日益频繁，西服逐步发展成为一种国际性的服装款式。它典雅大方，富有魅力，深受各国各界人士喜爱。

1. 男士西装

西装一直是男性服装王国的宠物。"西装革履"常来形容文质彬彬的绅士俊男。西装的主要特点是外观挺括、线条流畅、穿着舒适，若配上领带领结后，更显得高雅典朴。

（1）合身

穿着西装最重要的原则就是"合身"。

（2）平顺

西装要求平顺的线条。最常见的情况就是口袋里放置过多的物品。就整套西装来说，包括裤子的口袋在内，所有设计在外部的口袋只是一种装饰，真正能够放置物品的口袋只有上装的胸暗袋。一套新西装的口袋封口线，并没有拆除的必要。

（3）纽扣

穿双排扣的西装一般应将纽扣都扣上。穿单排扣西装，如穿两粒扣的只扣上面一粒，三粒扣的则扣中间一粒。

（4）插花眼

西装的驳领上通常只有一只扣眼，这叫插花眼，是参加婚礼、葬礼出席盛大宴会、典礼时用来插鲜花用的，而在中国，人们一般无此习惯。

2. 西装与衬衫

穿西装时，衬衫袖应比西装袖长出 1～2cm，衬衫领应高出西装领 1cm 左右。衬衫袖口的纽扣一定要扣上，下摆必须扎进裤内。若不系领带，衬衫的领口扣应敞开。在正式交际场合，衬衫的颜色最好是白色。一般情况下，男士必备一件白色衬衫和一件蓝色衬衫。

3. 西装与领带

（1）搭配

领带是西装的灵魂。凡是参加正式交际活动，穿西装就应系领带。领带长度以到皮带扣处为宜。如穿马甲或毛衣时，领带应放在里面。领带夹一般夹在衬衣的第四五个纽扣之间。

在领带的选择上，首先把注意力集中在领带与西服上衣的搭配上，以比较讲究的观点看，上衣的颜色应该成为领带的基础色。通常，衬衣的颜色应该与领带上次要颜色中的一种相配。领带的花纹或图案，也应以保守沉稳为宜，如斜纹、小圆点、小方块或规则重复的小图案等，都是不错的选择。无论同色系或是对比色彩的搭配，只要掌握领带具有画龙点睛的效果，整体造型就能十分突出，品味也就能立即展现。

（2）领带的打法

领带的打法，随着时代进步不断翻新和增多，这里介绍 10 种。分别为：温莎结、四手结、十字结、平结、交叉结、双环结、双交叉结、亚伯特王子结、浪漫结、马车夫结（简式结）。

领带的常用打法步骤图解如下:

温莎结 -Windsor Kont

简式结（马车夫结）-The Simple Knot

平结 -Plain Kont

半温莎结 -The Half-Windsor Knot

4. 西装与鞋袜

穿西装时不宜穿布鞋、凉鞋或旅游鞋。庄重的西装要配深褐色或黑色的皮鞋。袜子的颜色应比西装深一些，花色要尽可能朴素大方。

【生活小贴士】领带与西服衬衫的色彩巧搭配

一般从颜色搭配的角度讲，主要应注意以下几点：

＊黑色西服，穿白色为主的衬衫和浅色衬衫，配灰、蓝、绿等与衬衫色彩协调的领带。

＊灰西服，可配灰、绿、黄和砖色领带，穿白色为主的淡色衬衫。

＊暗蓝色西服，可以配蓝、胭脂红和橙黄色领带，穿白色和明亮蓝色的衬衫。

＊蓝色西服，可以配暗蓝、灰、胭脂、黄和砖色领带，穿粉红、乳黄、银灰和明亮蓝色的衬衫。

5. 女士西装

女士西装既有上衣和长裤相配的套装，也有上衣和裙子搭配的套装。女士西装的样式较多，领型有青果领、V字领、披肩领；款式有单排扣、双排扣；衣长有长至大腿，也有短至腰部；图案和拼接也有多种变化。

在社交常场合无论是西装套装还是套裙都应该简洁大方，以给人精明干练的感觉，并且要搭配正装鞋，颜色和款式都以简单为好。套裙应大小适度，裙子长度一般要达膝部，但最长不应超过小腿中部。

要注意长筒袜颜色的搭配，还要注意不要穿钩丝、破洞的袜子，不要把袜口露在裙外。另外要注意自身的举止和姿态，在行走或蹲坐时应轻缓。

三、饰物

一般将帽子、围巾、腰带、眼镜、手袋、太阳伞、发式、挂件等统称为饰物。随着时代的进步和生活水平的提高，饰物以靓丽的色彩和新颖的款式装点着我们的生活。

1. 佩戴原则

①简洁

少而精，主题突出，忌讳把全部家当都戴在身上。选择饰物要做到恰到好处，画龙点睛，最好能够锦上添花。

②场合

女士赴宴或参加舞会等，可以佩戴一些较大的胸针；而平时，可以佩戴一些小巧精致、淡雅的胸针、项链、耳环等，需要强调的是，面试时最好不要佩戴饰物。

③协调

佩戴饰物应与服饰相配。一般领口低的袒肩服饰必须佩戴项链，而竖领上装可以不戴项链。项链色彩最好与衣服颜色相协调。穿运动服或休闲服是不宜佩戴项链和耳环的。

④合适

饰物要与佩戴者的形体、年龄相适合。比如脖子粗短者，不宜戴多串式项链，而应戴长项链。宽脸型、圆脸型和戴眼镜的女士，少戴或不戴大耳环和圆耳环。

⑤色彩

戴配饰物时，应力求同色，若同时佩戴两件或两件以上的饰品，应视色彩一致或与主色调一致，如选择同色系的手袋、鞋子和腰带，千万不要打扮得色彩斑斓，像一棵"圣诞树"。

⑥季节

饰物佩戴还应考虑一年四季有别原则。夏季以佩戴色彩鲜艳的工艺纺织品为好，可以体现夏日的浪漫；冬季则以佩戴一些金、银、珍珠等饰品为好，可以显现庄重典雅。

2. 佩戴要求

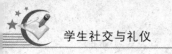

①戒指

一般来说，戒指戴在左手食指上表示未婚或求婚，中指上表示正处在热恋中，无名指上表示已订婚或结婚，小指上则表示独身，而大拇指上一般不戴戒指。右手戴戒指是一种装饰，没有特别含义。

②项链

佩戴项链必须讲究款式对路，尺寸适度，这样才可突出佩戴者的气质、个性。

③耳环

耳环由有金属、塑料、玻璃、宝石等物料制成，有些是圈状的，有些是垂吊式的，有的是颗粒状的。佩戴耳环要注意与脸型的搭配，避免与脸型相同的形状。

④手镯

佩戴手镯时对个数没有严格控制，可以戴一只，也可以戴两只、三只，甚至更多。如果只带一只，应戴在左手而不是右手上；如果戴两只，则可以左右手各戴一只，或都戴在左手上；如果戴三只，就应该都戴在左手上，不可以一手一只，另一手戴两只。戴三只以上手镯的情况比较少见，即使要戴也应该都戴在左手上。

⑤手袋

手袋的选择应与场合、年龄、身材、身份相符。身材高大的女士，不宜用太小的包，身材娇小的女性，包则不宜过大；年轻女子持公文包式手袋显得比较干练，适用于女性管理人员、办事人员等；手提式手袋适合中老年人，显得沉稳端庄，斜肩背包则适用于年轻活泼的女孩或学生。另外，选择手袋要考虑衣服的颜色，最好与其他配饰颜色一致或协调。

⑥帽子

配戴帽子应考虑脸型和身材。另外，帽子的形式和颜色等必须与衣服、围巾、手套及鞋子等配套，才不会显得杂乱无章。

⑦围巾

男士一般在冬季室外佩戴围巾，面料多为纯毛、人造毛等。女士佩戴围巾的时间和场合则宽泛很多，春、夏天佩戴真丝、丝绸围巾或是纯棉围巾，冬季佩戴毛质围巾和披肩。

⑧眼镜

佩戴眼镜时，不仅要考虑其颜色、款式、质地，还要考虑自己的脸型、肤色等。尤其是两者的整体效果。

⑨腰带

腰带的颜色、款式、粗细不仅要与整体服装和饰物相协调，还要与佩戴的人相协调。例如，矮胖的人不适宜带宽腰带，正式场合不宜带嬉皮风格的腰带。

【知识拓展】

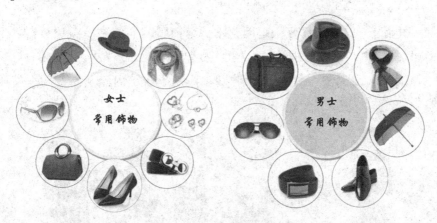

心灵美与仪表美不是对立的，而是不可分割的，只有它们互为表里，相得益彰，才是完整的美。诚然，人对自己的长相虽然无法选择，但是可以通过努力予以弥补，仪表美所强调的就是这种必要的"弥补"，即人们可以通过对仪容的适度修饰，从而使自己的仪表给人以审美上的愉悦。

四、不同场合的着装

1. 礼服　是指在某些重大场合上参与者所穿着的庄重而且正式的服装。根据场合的不同，可以分为军礼服、晚礼服等。

晚礼服　　　　　　　　　　　　军礼服

2. 职业装　又称工作服，是因工作需要而特制的服装。职业装在被细分化的现代社会中，有政府机关、学校、公司等团体，有学生、空姐、领航员、引水员、警官、医生护士、店员等职别，体现了富于内涵及品位的全新职业形象。

工人　　护士　　厨师　　服务员　　乘务　　保安

3. 便装　是指自己方便的意思，没有特别的要求，就是平常的穿着，区别于有要求的职业装，例如工作服、警察和军人的服装，或者是舞会、宴会等场所有特别要求的服装。

4. 学生装

学生着装，以自然朴质为原则，款式和线条要简洁流畅，整齐大方。校服、夹克衫、运动衫、T恤衫、连衣裙都可以。

但应注意：

（1）凡升旗仪式、重要会议、外出活动要求穿校服，既体现学校的整体的形象又展现学生的自我风貌。

（2）女生不穿"瘦""透""露"型的衣服；男生不穿花衬衫，不穿无袖背心和短裤，不穿拖鞋。

（3）衣服的衣领和袖口要干净，衣服的扣子要扣好。

 知识链接

青春女孩六不要

1. 青春是女孩最好的化妆品，一般没有必要浓妆艳抹。如果特定场合需要化妆，注意和自己的年龄、身份相符，否则给人轻浮、"不懂事"的感觉。

2. 女孩为求"性感"暴露过多，或是有意无意露出贴身衣物都会令人反感。露出肩带或穿着透明的衬衫、无衬裙的裙子，是缺乏自爱的表现。

3. 香水味太浓使人感到俗不可耐，日常洒少许香水即可。

4. 梳过分古怪或野性的发型，会糟蹋自己的形象和气质。

5. 身上的首饰过多，不时发出环佩之声，会给人浮华和俗气的印象。

6. 穿漏丝和破洞的袜子出门，无论着装怎么协调，都会失去和谐的美感。

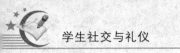

 **精品阅读**

风度不是装出来的

一个40多岁优雅的女人领着她的儿子走进某著名企业总部大厦楼下的花园，并在一张长椅上坐下来吃东西。

不一会儿，妇女往地上扔了一个废纸屑，不远处有个老人在修剪花木，他什么话也没有说，走过去捡起那个纸屑，把它扔进了一旁的垃圾箱里。

过了一会儿，妇女又扔了一个。老人再次走过去把那个纸屑捡起扔到了垃圾箱里……就这样，老人一连捡了三次。

妇女指着老人对孩子说："看见了吧，你如果现在不好好上学，将来就跟他一样没出息，只能做这些卑微低贱的工作！"

老人听见后放下剪刀过来说："你好，这里是集团的私家花园，你是怎么进来的？"中年女人高傲地说："我是刚被应聘来的部门经理。"

这时一名男子匆匆走过来，恭恭敬敬地站在老人面前。

对老人说："总裁，会议马上就要开始了。"老人说："我现在提议免去这位女士的职务！""是，我立刻按您的指示去办！"那人连声应道。

老人吩咐完后径直朝小男孩走去，他伸手抚摸了一下男孩的头，意味深长地说："我希望你明白，在这世界上最重要的是学会尊重每一个人和每个人的劳动成果……"中年女人被眼前骤然发生的事情惊呆了。

她一下子瘫坐在长椅上。她如果知道老人是总裁，一定不会做这么无理的事。

可是她做了，只不过是在园丁身份的总裁面前做的。为什么？是因为身份的高低？

尊重每个人，不以身份而区分。这是你的风度，风度是装不出来的，总会暴露出你真实的一面。

财富不是一辈子的朋友，学会尊重才是一辈子的财富。只有这样才是人生的最高境界。

片断一：挎着绒布包出席高级酒会

某企业主刘女士拎着绒布包去参加一个高级商业酒会，到了酒会上她才发现，别的女士大拎的都是羊皮手提包或缎面的小包，她的绒布提包看上去与现场气氛不协调，令她感觉浑身都不自在。

片断二：时尚指甲引来异样目光

小方是个赶时髦的女孩，平时经常去美甲。这天，男朋友邀她去家里吃饭，小方给自己的脚指甲做了时下最流行的黑花朵图案，到了男朋友家里，一帮亲戚围着小方问长问短，一脸欢喜，当他们看到小方的脚指甲时脸色马上变了，态度冷淡了许多。

片断三：破丝袜令人难堪

小黄是企业办公室的文秘，平时经常代替老板出席一些相关部门组织的会议。这天早上8点，小黄匆匆忙忙赶去参加会议，到了会场发现自己的丝袜被勾破了一个洞，而且已经开始漏丝，顿时小黄坐立不安，十分难堪，她真后悔早上穿上时没好好检查，也没在包里准备一双丝袜。

 案例分析一

李江的口头表达能力不错，人既朴实又勤快，在业务人员中学历又高，领导对他抱有很大期望。可是他做了销售代表半年多了，业绩总是没有提升。到底问题出在哪儿？原来，他是个不爱修边幅的人，喜欢留着长指甲，指甲里经常藏着很多"东西"。脖子上的白衣领常常有一圈黑色的痕迹。他喜欢吃大葱、大蒜之类的刺激性的食物。

请从礼仪角度分析小李业绩上不去的原因？

分析思考：

近来，许多班主任在自己学生的校服上有了新的发现。整洁的白色T恤上，背后用圆珠笔画着卡通图案，下面还有一行醒目的字"XX我爱你"；还有的学生的校服领口处，绣着字母、图案；裤子边缝处用亮亮的金属片装饰着，在裤脚处用金属钉拼着"心"的形状。

1. 校服是否可以装饰，以表现个性？

2. 校服的主要作用是什么？穿着校服的正确方法是什么？

3. 如何保持整洁的仪表？

4. 学生的着装与成年人有何区别？

活动与探究

分析思考：

国外心理学家曾做过这样一个实验：分别让一位戴眼镜、手持文件夹的青年，一位打扮入时的漂亮女郎，一位拎着菜满脸疲惫的中年妇女，一位身着笔挺军服的军官，一位留着怪异头发、穿着邋遢的男青年分别站在马路边搭车。结果是：漂亮女郎、军官、青年学者的搭车成功率高，中年妇女次之，搭车最困难的就是那位男青年。

一个人的外表和形象在社会交往中着怎样的作用？

第三章

仪态礼仪

◎**教学目标：**

1. 知识目标：了解学生的仪态礼仪规范要点，掌握站、坐、行、蹲、手势、表情的正确运用标准。

2. 能力目标：培养学生学以致用、灵活应变、合作学习的能力。

3. 情感目标：逐步养成规范意识，约束自身行为，提高个人形象与修养，提高审美能力。

◎**名言警句：**

不从容，立端正，揖深圆，拜恭敬，勿践阈，勿跛倚，勿有声勿触棱。

——《弟子规》

姿态无时不存在于你的举手投足之间，优雅的姿态是人有教养，充满自信的完美表达。美好的姿态，会使人看起来年轻得多，也会使人身上的衣服显得更漂亮。善于用良好的形体语言与别人交流，定会使你受益匪浅。

仪态是指人在行为中的姿态和风度。姿态是指身体所呈现的样子。风度则属于内在气质的外化。

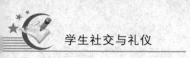

第一节　得体的表情

美国心理学家艾伯特·梅拉比安在一系列研究的基础上得出了一个公式：信息的总效果 = 7% 言词 + 38% 语调 + 55% 面部表情。由此可见，面部表情在信息传达中起着非常重要的作用。面部表情可以交流情感、传递信息，它主要包括眼神、眉语、微笑等。能够巧妙使用面部表情的人，才是善于塑造自我交际形象的人。

一、眼神

"眉目传情""瞠目结舌""暗送秋波""眉开眼笑"这些成语都是用来描写眼睛和眼神的，眼神又称目光语，是人们在交往中通过视线接触所传递的信息。眼睛是心灵的窗户，人的内心世界可通过眼神来表达。眨眼的频率、眼球的转动都有其特定含义。

1. 注视时间

人们在交谈时，视线接触对方脸部的时间约占全部谈话和时间的30% ~ 60%，超过这一平均值，会给对方压力。低于这一平均值，则表示对谈话内容和谈话本人都不怎么感兴趣。

2. 视线的位置

人们在社交中，不同的场合和对象，目光所及之处也是有差别的，有视线向上的，有视线向下的，有视线水平的等等。

3. 注视区域

公务凝视区域：在洽谈、磋商、谈判等严肃场合中，目光要严肃认真，注视的部位应在以两眼为底线、额中为顶角所形成的三角区域内。

社交凝视区域：指在各种社交场合使用的注视方式。注视的位置应在以两眼为上线、唇心为下顶角所形成的倒三角区域内。

亲密凝视区域：这是亲人之间、恋人之间、家庭成员之间使用的注视方式。凝视的位置在对方双眼到胸部区域之间。

4. 注视方式

无论是使用公务凝视、社交凝视或是亲密凝视，都要注意不可将视线长时间固定在所要注视的位置上。双方交谈时，视线应适当地从固定的位置上移动片刻，这样能使对方心里放松，感觉平等，易于交往。但又不能短时间内频繁移动，显得心不在焉。

二、微笑

微笑是内心喜悦的情绪语言，是笑容可掬的神态，虽不出声音但充满热情、亲切与和蔼。微笑表示诚挚、友好和尊重的内心体验。微笑具有诱导和得到客人肯定、认同、友善、情趣，从而产生良好心境的意义和作用。

微笑是自信的象征，微笑是修养的展现，微笑也是心理健康的标志。微笑是最美妙的语言，它超越了民族和国界，超越了种族和文化，能够消除隔阂，表达善意，沟通心灵，是世界通用的体态语言。

微笑的训练

1. 对镜微笑的训练法

这是一种常见、有效和最具有形象趣味的训练方法。端坐镜前，衣装整洁，以轻松愉快的心情，调整呼吸 3 秒钟，开始微笑，使嘴角微微翘起，面部肌肉舒展开来，同时注意眼神的配合，使之达到眉目舒展的微笑面容，如此反复多次。自我对镜微笑训练时间长度随意。为了增强效果，可在训练时播放背景音乐。

2. 手势微笑练习法

顾名思义，手势微笑需要手和脸部的配合。首先将两手拇指和食指伸出，其余手指并拢弯曲，食指指尖对接。放在嘴前 15～20cm 处。然后让两食指尖以缓慢匀速分别向左右移动，使之拉开 5～10cm 的距离。同时嘴唇随两食指移动速度同步加大嘴角的展开度，并在意念中形成美丽的微笑。让微笑停留数秒钟，两食指再以缓慢均速向中间靠拢，直至两食指法相接，同时，微笑的嘴角开始以两指移动的速度，同步缓缓收回。需要提示的是，训练微笑缓缓收住很重要，切忌让微笑突然停止。可如此反复开合训练 20～30 次。

3. 面部练习法

取一张纸遮住眼睛以下的部位，对着镜子，心里想着高兴的事情，使整个面部露出自然的微笑，让眼睛周围的肌肉也处于微笑的状态，这就是眼形笑。

用厚纸遮住眼睛、面部肌肉、嘴角，两端向上略微提起，这就是脸形笑。

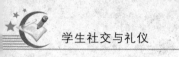

4. 含箸法

这是日式训练法。选用一根洁净、光滑的圆柱形筷子（不宜用一次性的简易木筷，以防拉破嘴唇），横放在嘴中，用牙轻轻咬住，露出八颗牙齿。

无论哪种训练方法，都要牢记微笑要由心而生，表里如一才能具有丰富而有力度的内涵，才能感染人、打动人。

 **精品阅读**

微笑的魅力

飞机起飞前，一位乘客请空姐给他倒一杯水吃药，空姐很有礼貌地说："先生，为了您的安全，请稍等片刻，等飞机进入平衡飞行后，我会立刻把水给您送过来，好吗？"

十五分钟后，飞机早已进入平衡飞行状态。突然，乘客服务铃急促地响了起来，空姐猛然意识到：糟了，由于太忙，她忘记给那位乘客倒水了。当空姐来到客舱，看见按响服务铃的果然是刚才那位乘客，她小心翼翼地把水送到那位乘客眼前，微笑着说："先生，实在对不起，由于我的疏忽，延误了您吃药的时间，我感到非常抱歉。"这位乘客抬起左手，指着手表说道："怎么回事，有你这样服务的吗？你看看，都过了多久了？"空姐手里端着水，心里感到很委屈，但是，无论她怎么解释，这位挑剔的乘客都不肯原谅她的疏忽。

接下来的飞行途中，为了弥补自己的过失，每次去客舱给乘客服务时，空姐都会特意走到那位乘客面前，面带微笑地询问他是否需要水，或者别的什么帮助，然而，那位乘客余怒未消，摆出不合作的样子，并不理会空姐。

临到目的地时，那位乘客要求空姐把留言本给他送过去，很显然，他要投诉这名空姐，此时空姐心里很委屈，但是仍然不失职业道德，显得非常有礼貌，而且面带微笑地说道："先生，请允许我再次向您表示真诚的歉意，无论您提出什么意见，我都会欣然接受您的批评！"那位乘客脸色一紧，嘴巴想说什么，可是没有开口，他接过留言本，开始在本子上写了起来。

等到飞机安全降落，所有的乘客陆续离开后，空姐打开留言本，却惊奇的发现，那位乘客在本子上写下的并不是投诉信，而是一封热情洋溢的表扬信。

是什么使这位挑剔的乘客最终放弃了投诉呢？在信中，空姐读到这样一句话："在整个过程中，你表现出的真诚的歉意，特别是你的十二次微笑深深打动了我，于是我最终决定将投诉信写成表扬信！你的服务质量很高，下次如果有机会，我还将乘坐你们的航班。"

 活动与探究

1. 调整心理。

调动感情，发挥想象力，或回忆美好的过去，或展望美好的未来，让微笑源自内心，有感而发。

2. 放松面部肌肉，练习发音"E"，嘴角微微上翘。

3. 对镜练习。

4. 当众练习。克服羞涩和胆怯的心理，相互评价。

第二节　优雅的手势

手势，是运用手指、手掌、拳头和手臂的动作变化，表达思想感情的一种体态语言。手是人体活动幅度最大、运用操作最自如的部分，手势形式和内涵都极为丰富。美国心理学家詹姆斯认为，在身体的各个部位中，手的表达能力仅次于脸。在社会交往中，手势有着不可低估的作用。生动形象的语言再配合准确、精彩的手势动作，会使交往更富有感染力、说服力和影响力。

一、手势的区域

手势的活动范围，分为上、中、下三个区域。肩部以上称为上区，一般用来表达激烈的情绪，如胜利的喜悦、高度的赞扬、热切的盼望、深情的呼唤、愤怒的谴责。肩部以下腰部以上称为中区，一般用来表达平和、平静的心绪，如指示、介绍、鼓掌等，一般不带有浓厚的感情色彩。腰部以下称为下区，一般用来表达负面的情感，比如厌恶、否定等。

二、手势的分类与常用手势

1. 情意性手势

情意性手势主要用于带有强烈感情色彩的内容，表现方式极为丰富，感染力极强。例如，双手合起高于胸前表示隆重的谢意、承让等；右手放于左胸前表示忠诚、信念等；鼓掌表示欢迎、喝彩、友好等含义；握拳表示强烈的信念、必胜的力量、喜悦的欢呼等。

2. 指示性手势

指示性手势主要用于指示具体的事物、数量、位置等，特点是动作简单，表达专一，一般不带感情色彩。

（1）引领指示

各种交往场合都离不开引领手势，这是一种手与臂的协调动作，更是一种礼仪，主要有以下形式。

❖ 横摆式。

用于近距离被引导或指示方向。五指伸直并拢，手臂向外侧横向摆动，手心向斜上方，眼睛随手势方向。

❖ 斜臂式。

五指伸直并拢，手臂抬起，以肘关节为轴，手臂由上向下摆动，适用于请人入座。

❖ 双臂式。

用于客人较多时，双臂由胸前打开，目光随手势移动。

❖ 直臂式。用于远距离被引导或指示方向。五指伸直并拢，手臂伸直，指尖指向物品或方向。用直臂式为他人指引方向后，手臂不可马上放下，要保持手势顺势送出几步，表示对他人的尊敬和关怀。

（2）挥手道别

大臂抬至与肩同高或高于肩部，小臂与大臂呈约 90 度角，指尖朝上，掌心向着对方，手指自然伸直并拢，手腕晃动。

（3）递接物品

递接物品时要用双手，单用左手通常被视为无礼的表现。如果双方距离较远，应起身走近对方；递送物品应直接递接到对方手中，并要方便对方接取；如有文字、图案、正反面物品时，要正面朝上文字朝向对方；接取物品时要稳而缓；递送带尖、带刃或其他易伤人物品时，要将危险一侧朝向自己的斜下方，切不可朝向对方。

3. 象征性手势

象征性手势用来表达一些比较复杂的情感或抽象的概念，从而引起对方的思考和联想。

（1）跷拇指手势

拇指向上，在中国表示棒、一流、赞同的意思；在英联邦国家多表示打车。

（2）"OK" 的手势

拇指和食指合成圈状，其余三只自然伸开，即成 "OK" 手势。该手势在美国表示赞扬、顺利、好；在法国表示零，一钱不值；在日本、缅甸、韩国表示金钱；在印度表示正确。

（3）V 形手势

伸出食指和中指，掌心朝外，其余手指弯曲合拢，即成 V 形手势，这种手势有时表示胜利，有时也表示数字 2。"V" 是英语单词 Victory（胜利）的第一个字母。做这一手势切记掌心向外，如果掌心向内在西欧则表示侮辱之意。

（4）捻指作响手势

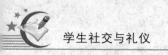
用拇指和食指弹出响声，表示高兴、赞同、兴奋，也表示无聊。应尽量少用这一手势，尤其对异性不能使用，以免令他人反感，觉得没有教养或是轻浮、挑衅。

4. 模拟性手势

模拟性手势主要用来模拟事物的形状、大小、高矮、长短等特征，给人以明确的印象。例如，两手模拟心的形状。

三、手势的原则

手势是无声的语言，如果表达不当会适得其反。手势的运用要注意几个原则：

1. 应简约明快，不宜过多，以免让人感觉眼花缭乱或者是喧宾夺主。

2. 要文雅自然，避免指指点点，摆弄手指等不良手势，不要让不良的手势降低身份，影响形象。

3. 手势的运用应是发自内心的流露，应协调和谐，要与全身、协调，与情感协调，与语言协调。

4. 手势应因人而异，富有个性的手势能成为个人的标志和象征，但不能要求每个人都千篇一律地做相同的手势。

 案例分析

一天，一个单位开会，开完会后单位聚餐。于是负责接待的人开始点人数"一、二、三……"手心向下，食指指人，大家感觉怎样？应该怎么做？

第三节　优美的站姿

一、基本的站姿

正面来看，基本站姿主要的特点是头正，肩平，身直；如果从侧面去看，其主要轮廓线则为含颌、挺胸、收腹、直腿。

1. 头正：平视前方，嘴微闭，收颌梗颈，表情自然，面带微笑。

2. 肩平：两肩平正，微微放松，稍向后下沉。

3. 臂垂：两臂自然下垂，中指对准裤缝。

4. 躯挺：胸部挺起，腹部往里收，臀部向内向上收紧。

5. 腿并：两腿立直，贴紧，脚跟靠拢，两脚夹角成60度。

总的来讲，采取这种站姿，会使人看起来稳重、大方、俊美、挺拔。基本站姿，有助于呼吸，改善血液循环，并且在一定程度上减缓身体的疲劳。

二、男生、女生的站姿

男生与女生在站姿方面的差异，主要表现在手位与脚位上的不同。

（一）男生的站姿

1. 要求：

男生在站立时，要注意表现出男性刚健、潇洒、英武、强壮的风采，力求给人一种壮美感。

2. 种类

（1）垂臂式

（2）前搭式

（3）后搭式

具体来讲，在站立时，男生可以将两臂自然下垂或双手相握，或叠放于身后，双脚可以叉开，与肩部同宽。

（二）女生的站姿

1. 要求

女生在站立时，则要注意表现出女性轻盈、妩媚、娴静、典雅的韵味，

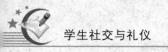
要努力给人以一种"静"的优美感。

2. 种类

（1）丁字站姿

即两手在腹前交叉，右手搭在左手上。女子可以用小丁字步，即一脚稍微向前，脚跟靠在另一脚内侧。这种站姿端正中略有自由，郑重中略有放松。在站立中，身体重心还可以在两脚间转换，减轻疲劳，这是一种常用的接待站姿。

（2）标准站姿

女士可双手相握，放在腹部。两脚夹角成 30～45 度，挺胸立腰，收颌，收腹，双目平视。这种站姿优美中略带庄重，产生距离感。

丁字步站姿　　　　　　　　　标准站姿

三、站姿的禁忌

不正确的站姿要么姿态不雅，要么缺乏敬人之意。若是形成习惯，不加以克服，往往会无意之中使本人的形象受损。需要同学们努力克服的不良站姿大致上有如下七种：1. 身躯歪斜；2. 腰弯背驮；3. 双腿大叉；4. 半坐半立；5. 浑身乱动；6. 脚位不当；7. 手位不当。例如：将手放在衣服的口袋之内；二是将双手抱在胸前；三是将两手抱在脑后；四是将双肘支于某处；五是将两手托住下巴。

活动与探究

1. 顶书训练。把书本放在头顶中心，保持书不掉下来，头、躯体自然保持平稳，否则书本将滑落下来。这种训练方法可以纠正低头、仰脸、晃头及左顾右盼的毛病。

2. 背靠背训练（或靠墙训练）。两人一组，背靠背站立，两人的头部、肩部、臀部、小腿、脚跟紧靠，并在两人的肩部、小腿部相靠处各放一张卡片，不能让其滑动或掉下。靠墙训练是指受训者的后脑勺、双肩、臀部、小腿及脚后跟都紧贴墙壁，站立练习。这种训练方法可使受训者的后脑、肩部、臀部、小腿、脚后跟保持在一个水平面上，使之有一个完美的后身。

3. 对镜训练。面对镜面，检查自己的站姿及整体形象，看是否歪头、斜肩、含胸、驼背、弯腿等，发现问题及时调整。

站姿训练每次应控制在 20～30 分钟，训练时最好配上轻松愉快的音乐，用以调整心境，既可以缓解训练的单调性，又可以减轻疲劳感。当然，保持良好的站态平时要注意参加体育锻炼，尤其是参加较正规的形体训练。

第四节　端庄的坐姿

坐姿是一种静态的美，是行为举止的主要内容之一，无论是伏案学习、参加会议，还是会客交谈、娱乐休息，都离不开规范的坐姿。

坐，作为一种举止，有着美与丑、优雅与粗俗之分。端庄的坐姿给人以文雅、稳重、自然大方的美感，让人觉得安详、舒适、端正、舒展大方。

一、基本要求

1. 入座时要轻、稳、缓。走到座位前，转身后轻稳地坐下。在正式场合，一般从椅子的左边入座，离座时从椅子右边离开，这是一种礼貌。

2. 神态从容自如，嘴唇微闭，下颌微收，面容平和自然。

3. 双肩平正放松，两臂自然弯曲放在腿上，亦可放在椅子或是沙发扶手上，以自然得体为宜，掌心向下。

4. 坐在椅子上，要立腰、挺胸，上体自然挺直。

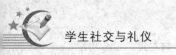

5. 双膝自然并拢，双腿正放或侧放，双脚并拢或交叠。

6. 坐在椅子上，应至少坐满椅子的 2/3。

7. 谈话时，应根据交谈者的方位，将上体双膝侧转向交谈者，上身仍保持挺直，不要出现自卑、恭维、讨好的姿态。讲究礼仪要尊重别人但不能失去自尊。

8. 离座时要自然稳当，右脚向后收半步，然后站起。

二、坐姿要求

1. 女生

入座时，要娴雅、文静、柔美。若是裙装，应用手将裙子稍稍拢一下，不要坐下后再拉拽衣裙，那样不优雅。女士入座尤要娴雅、文静、柔美，两腿并拢，双脚同时向左或向右放，两手叠放于左右腿上。如长时间端坐可将两腿交叉重叠，但要注意上面的腿向回收，脚尖向下，以给人高贵、大方之感，避免发出声响。

2. 男生

上身自然直立挺拔，两膝间可分开一拳左右的距离，两脚可稍分开，以显自然洒脱之美。

男士、女士需要侧坐时，应当将上身与腿同时转向同一侧，但头部保持向着前方。作为女士，坐姿的选择还要根据椅子的高低以及有无扶手和靠背而定，两手、两腿、两脚还可有多种摆法，根据情况而定。

在餐厅就餐时，最得体的入座方式是从左侧入座。当椅子被拉开后，身体在几乎碰到桌子的距离站直，领位者会把椅子推进来，腿弯碰到后面的椅子时，就可以坐下来了。

三、坐姿的种类

以脚位依据，坐姿可分为下几类。

1. 标准式坐姿

这一坐姿男生、女生均适用，就是通常所说"正襟危坐"，在较正式的场合使用。其要领是上身与大腿、大腿与小腿、小腿与脚都呈直角，小腿垂直于地面，双膝、双脚完全并拢，男生双手半握拳掌心朝下，自然放于大腿上，两膝打开，但不能超过肩宽，脚尖朝向正前方。女生双手交叉放于双腿上。

2. 斜摆式坐姿

这是一种女士优雅的坐姿，通常在稍微矮一些的椅子上各位适用。要领是大腿与膝盖靠紧，两脚并拢向一侧摆出。

3. 交叠式坐姿

这通常是女士采用的坐姿。要领是在标准坐姿的基础上，一腿搭于另一腿之上，两腿摆放于一侧。

4. 后搭式坐姿

这种坐姿适用于多种场合，以女士为主。要领是在垂直式坐姿的基础上两小腿向后收，双脚相搭，脚尖着地。

标准式坐姿

标准式坐姿

交叠式坐姿

斜摆式坐姿

四、不同场合的坐姿

1. 女生着裙装入座时应当将裙子后片向前拢一下，以显得端庄、文雅；起立时右脚先向后收半步，站起，向前走一步，再转身走开。

2. 两脚交叠而坐时，悬空的小腿要向回收，并将脚尖屈向下，以给人高贵、大方之感。

3. 男生、女生需要侧坐时，应当将上身与腿同时转向同一侧，但头部保持向着前方。

4. 作为女生，坐姿的选择还要根据椅子的高低以及有无扶手和靠背而定。两手、两腿、两脚还可以有多种摆法，但两腿叉开，或成四字形的叠腿方式是很不合适的。

第五节　流畅的走姿

行姿是指一个人在行走时所采取的具体姿势。行姿是以站姿为基础，处于动态之中的体态，体现了人类的运动之美和精神风貌。

走姿最能体现一个人的心情、态度和修养。它是站姿的延续性动作，也是一个人的气质体现。

一、基本要求

1. 走姿的基本要求是走得正确而自然、优雅而风度、轻盈有节奏，能反映出积极向上的精神状态。

2. 在行走时，上身基本保持站立的标准姿势，挺胸收腹，腰背笔直；两臂以身体为中心，前后自然摆动。前摆约 35 度，后摆约 15 度，手掌朝向体内；起步时，身子稍向前倾，重心落前脚掌，膝盖伸直；脚尖向正前方伸出，双目平视，收颌，表情自然平和。

二、男女生的不同要求

1. 女生走姿

步履轻捷优雅，步伐适中，不快不慢，展现出温柔、矫健的阴柔之美。步幅一般在 30 厘米左右，可根据所穿鞋的鞋跟高度来适当调整。

女生常见的走姿是"一字步"。"一字步"走姿的要领是：行走时两脚内侧在一条直线上，两膝内侧相碰，收腰提臀，肩外展，头正颈直，微收下颌。

2. 男生走姿

步履雄健有力，不慌不忙，展现雄姿英发、英武刚健的阳刚之美；步幅一般在 50 厘米左右。男生常见的走姿是"平行步"。其要领是双脚各踏出一条直线，使之平行，步伐快而不乱。

三、训练方法

1. 练习腰部力量。行走属于动态美，是全身协调性运动，在这其中腰部的控制力又是至关重要的。练习时，双手固定于腰部，脚背绷直，踮脚正步行走，不需要额外找场地、找时间，在家中随时可以练习。

2. 良好身姿还体现在背部。脊背是行进中最美妙的音符，因此要练习脊背和脖颈的优雅。头顶上放一本书走路，保持脊背伸展、头正、颈直、目平，起步行走时，身体略向前倾，身体的重心始终落于行进在前边的脚掌上，前边的脚落地、后边的脚离地的瞬间，膝盖要伸直，脚落下时再放松。

3. 练习脚步，内八字和外八字绝对是不可取的。在地上画一条直线或利用地板的缝隙练习，两脚内缘的着力点力求落在直线两侧，通过不断的练习，保持好行走的轨迹和稳定性。

4. 进行全身的协调性训练，使行走中身体的每一个部分都能呈现出律动之美。步伐要矫健、轻盈，富有稳定的节奏感。

四、行走时的礼仪

1. 如果是两个人一起行走，行走的规则是以右为尊，以前为尊。比方说和客户或上司一同行走的时候，就应该站在他们的左侧，以示尊重。如果是一位男士和一位女士同行，那么就应该遵照男左女右的原则。

2. 如果三人同行，都是男性或都是女性，那么以中间的位置为尊，右边

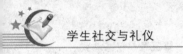

次之，然后是左边。

3. 如果是一位男士和两位女士同行，那么男士应该在最左边的位置；如果是一位女士和两位男士同行，则女士在中间。很多人一起行走时，以前为尊，按照此原则向后排序。

4. 如果在室外行走，应该请受尊重的人走在马路的里侧。如果道路比较拥挤狭窄，应该注意观察周围情形，照顾好同行的人。同时要保持良好的仪态，不能因为在户外就左顾右盼、四处张望或是推推搡搡、拉拉扯扯，不论多么熟悉的同事和客户，在大庭广众之下也应该保持职业人士的端庄仪态。如果人群拥挤不小心碰到他人、踩到他人或绊倒其他人的时候，要及时道歉，并给予必要的帮助。如果别人无意识地碰到自己或妨碍到自己，应小心提醒并予以体谅。

5. 在道路上行走，不能三人以上并排，这样会妨碍其他的行人和车辆通行，同时也是不安全的做法。到达电梯口、车门口或房门口时，男性应该快走两步为女士服务；在不太平坦的道路或是山下比较高的台阶时，男性应该适当帮助女士。"女士优先"是国际通行的礼仪规则，同时也是绅士行为的体现。

6. 当一个人行走时，要靠右侧行走，将左侧留给急行的人，乘坐电梯时也是这样。其实如果留心，可以看到很多大型超市的滚梯都用黄线做出了明显的标志，示意行人乘梯靠右侧站立，左侧留给急行的人，这也作为突发意外时的一个应急通道，可以让救援人员快速通过。但非常遗憾的是，现在仍然可以看到人们三三两两并排站立在扶梯上的现象，即便后边的人急得跺脚搓手，前面的人仍是悠然自得地并排聊天。

五、不受欢迎的走姿

1. 要注意手臂的摆动，千万不能夹着手臂走动。用小臂带动大臂自然摆动，幅度大概是前摆向里约 35 度，后摆向后约 15 度，摆动手臂的时候，肩膀不要摇晃。不能把手抱在胸前或是倒背着双手走路。

2. 走路的时候将脚步拖拉在地上，这是一种很消极的身体语汇。如果在工作场合，这种消沉的姿态很容易传导给同事或客户不良的感觉，使大家不愿意与你接近。同时也不能低着头或是耷拉着眼皮走路，这同样不是一种积极的感觉。身在职场要始终表现出自信、干练和对工作的热情。

3. 走路时要因场地而及时调整脚步的轻重缓急，不能把地板踩得"咚咚"作响。无论遇到多么紧急的事情，也不能体现在脚步的重量上，可以用加快步伐频率的方法提速。

4. 女性不要岔开双腿走路，那样显得很粗鲁，走路尽量走直线。可以在家练习时，以地板的接缝作为参照线，双脚落在线的两边，并不是完全踩在线上，而是用脚的内侧贴近直线即可，速度要均匀，不能走得过快。所谓仪态万千一定是速度、幅度都控制得当。

 **精品阅读**

从走姿看性格

心理学家史诺嘉丝曾经对 193 个人做过三项不同的研究，发现不但某种性格或某种心情的人曾用不同的步姿走路，而且观察者通常能由人的步姿探测出他的性格。出国留学网整理了一些情况，走路大步，步伐有弹力及摆动手臂的人，显示一个人自信、快乐、友善及雄心；走路时拖着步子，步子小或速度时快时慢则相反。性格冲动的人，则像鸭子一样低头急走。女性走路时手臂摆的愈高，越显示其精力充沛和快乐。精神沮丧、苦闷、愤怒及思绪混乱时，女性走路时很少摆动手臂。

第六节 美观的蹲姿

蹲姿是人的身体在低处拾取物品、整理物品时所呈现的身体的姿势与体态。俗话说"蹲要雅"，蹲姿是静态美和动态美的结合。

一、蹲姿的基本要求

1. 下蹲拾物时，应自然、得体、大方，不要遮遮掩掩。

2. 下蹲时，两腿合力支撑身体，避免滑倒。

3. 下蹲时，应使头、胸、膝关节在一个角度上，使蹲姿优美。

4. 女士无论采用哪种蹲姿，都要将腿靠紧，臀部向下。我们需要注意以下几个方面：

（1）弯腰捡拾物品时，两腿叉开，臀部向后撅起，是不雅观的姿态。两腿展开平衡下蹲，其姿态也不优雅。

（2）下蹲时注意内衣，"不可以露，不可以透"。

保持正确的蹲姿需要注意三要点：迅速、美观、大方。若用右手捡东西，可以先走到东西的左边，右脚向后退半步后再蹲下来。脊背保持挺直，臀部一定要蹲下来，避免弯腰翘臀的姿势。男士两腿间可留有适当的缝隙，女士则要两腿并紧，穿旗袍或短裙时需更加留意，以免尴尬。

二、蹲姿种类

1. 高低式蹲姿：

这种蹲姿的要求是：下蹲时，双腿不并排，左脚在前，右脚稍后。左脚应完全着地，小腿基本垂直于地面；右脚则应脚掌着地，脚跟提起。此刻右膝低于左膝，右膝内侧可靠于左小腿的内侧，形成左膝高右膝低的姿态。臀部向下，基本上用右腿支撑身体。

2. 交叉式蹲姿：

这种蹲姿的要求是：下蹲时，右脚在前，左脚在后，右小腿垂直于地面，全脚着地，右腿在上，左腿在下，两者交叉重叠；左膝由后下方伸向右侧，左脚跟抬起，并且脚掌着地；两脚前后靠近，合力支撑身体；上身略向前倾，臀部朝下。交叉式蹲姿通常适用于女性，尤其是穿短裙的人员，这一蹲姿的特点是造型优美典雅。

三、蹲姿注意事项

1. 不要突然下蹲

蹲下来的时候，不要速度过快。当自己在行进中需要下蹲时，要特别注意这一点。

2. 不要离人太近

在下蹲时，应和身边的人保持一定距离。和他人同时下蹲时，更不能忽略双方的距离，以防彼此"迎头相撞"或发生其他误会。

3. 不要方位失当

在他人身边下蹲时，最好是和他人侧身相向。正面他人或者背对他人下蹲，通常都是不礼貌的。

4. 不要毫无遮掩

在大庭广众面前，尤其是身着裙装的女士，一定要避免下身毫无遮掩的情况，特别要防止大腿叉开。

5. 不要蹲在凳子或椅子上

有些人有蹲在凳子或椅子上的生活习惯，但是在公共场合这么做的话，是不能被接受的。

总之，下蹲时一定不要有弯腰、臀部向后撅起的动作；切忌两腿叉开，以及下蹲时露出内衣裤等不雅的动作，以免影响你的姿态美。因此，当要捡起落在地上的东西或拿取低处物品的时候，不可有只弯上身、翘臀部的动作，而是首先走到要捡或拿的东西旁边，再使用正确的蹲姿，将东西拿起。

四、蹲姿禁忌

1. 弯腰捡拾物品时，两腿叉开，臀部向后撅起，是不雅观的姿态。

2. 下蹲时注意内衣，"不可以露，不可以透"。

总之，蹲姿也是一种仪态美，要迅速、美观、大方。若用右手捡东西，可以先走到东西的左边，右脚向后退半步后再蹲下来。脊背保持挺直，臀部一定要蹲下来，避免弯腰翘臀的姿势。男士两腿间可留有适当的缝隙，女士则要两腿并紧，穿旗袍或短裙时需更加留意，以免尴尬。

 案例分析

刘莉是今年即将毕业的一名中职学生，今天她准备去参加一家用人单位的面试，为了给考官留下一个干练的职业形象，她特意选了一件高腰衬衣和短裙。由于面试的人较多，等待的时间也比较长，考场外许多等待面试的人都已经站的腰酸腿疼了，有的直接就蹲在一个角落里等待。刘莉觉得自己今天的穿着如果蹲着的话不雅，就坚持站着等待。这时，她看见一位男士从她身前经过，不小心将手中的资料袋掉在地上，她一边大声招呼"先生，您掉东西了……"一边大大咧咧的快步走到资料袋旁边弯腰去捡，结果，因为衣服太短，后背漏了出来。面试的时候，刘莉这才发现，刚才那位掉资料袋的男士正是今天的面试考官，她因为刚才捡东西时自己的衣服失态感觉特别尴尬。

活动与探究

1. 刘莉等的累了，本可以蹲着休息一会儿的，她为什么没有选择蹲着休息？蹲姿一般在什么样的情况下可以采用？

2. 刘莉帮助别人捡东西的时候哪些姿态不妥？蹲姿应该注意什么？

第四章

校园礼仪

◎教学目标

1. 知识目标：让学生懂得校园基本礼仪和方法，懂得讲文明、有礼貌是做人的基本品德，是社会交往的需要，是尊重他人的表现；

2. 技能目标：让学生能够正确运用礼仪知识，学会如何与老师、同学交往，能在日常生活中形成和谐的师生及同学关系；

3. 情感目标：文明礼仪体现在生活中的每个细节，让学生以自己的实际行动展现礼仪之美，提升自己的文明修养，建立良好的师生关系，珍惜纯洁的同学情感，创建和谐的校园人际关系。

第一节　与老师交往的礼仪

与老师的交往是学生人际交往中最重要的内容。教师是学生感悟人生、获取知识、学有所成的引路人。为此，作为深受教师教诲之恩的学生，在与教师交往的过程中应热爱与尊敬老师，尊重教师的劳动，虚心接受教师的批

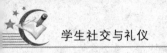

评教育，严格遵循相关的礼仪规范。尊师爱生是我们中华民族的传统美德。自古以来我国就有许多尊师爱生的故事，至今仍为人们传颂，在当今时代更需要尊师爱生。

一、与老师交往的基本礼仪

太阳下神圣的职业是教师，教师应受到全社会的尊重，更应为学生所尊敬。作为深受教诲之恩的学生是否热爱和尊敬倾尽心血培养自己的老师，是衡量学生思想道德品质的一个重要标志。那么，学生应从哪几个方面尊敬师长呢？

1. 尊重老师的劳动。首先，认真听好每一节课。自古以来，人们认为教师的主要职责是"传道，授业，解惑"。教师在积累了一定的知识后，运用现代教学方法，通过课堂教学将知识传授给学生。为了上好每一节课，教师都要花费很多心血认真备课，选择最佳授课方案，因此，学生认真听好每一节课，是对老师辛勤劳动的最大尊重。其次，按时、认真、独立地完成各种作业，认真体会老师悉心批改之处，以优异的成绩向老师汇报，同样是对老师的尊重。因为老师布置的作业和实验操作都是经过认真选择的，目的在于培养学生严谨、严密、严肃的科学态度和勇于探索的品质，作业上同样倾注了老师的心血。

2. 虚心接受老师的批评教育。现在教师的职责除了"传道，授业，解惑"之外，更担负着"育人"的职责。为了更好地担负起这一职责，教师往往要付出更多的心血。常言道："爱之深，责之切。"老师的爱是博大的，它超过了血缘亲情，无须克服溺爱情感障碍，比父母的教育更客观、公正、深刻严肃。老师对每位学生提出的批评和鼓励，都是为了帮助学生尽快成长。虚心听取老师的批评和帮助，认真改正自己的缺点和错误，同样也体现出对老师的尊敬和热爱。

3. 进入老师办公室前，应先敲门或喊"报告"，经老师允许后，方可入内。学生一般不要在教师办公室里逗留过久，未经同意不得乱翻老师的东西。老师的批评若与事实有出入时，学生应抱着虚心的态度，先让老师把话讲完，然后诚恳地向老师解释清楚，绝不能当面顶撞，或背后散布不满情绪。

4. 老师进行家访时，学生应有礼貌地将老师请进家门，并主动作介绍；老师告别时，要将老师送出门，向老师致谢，与老师道别。

5. 尊重老师的人格和习惯，不要对老师评头论足。对学校里所有的教职员工都要一视同仁，尊敬有礼。

6. 毕业后，无论分配到什么岗位，担任任何种职务，凡见到教育过自己的老师都要表示尊敬，并以礼相待。

二、与老师见面的礼仪

（一）鞠躬

鞠躬，意思是弯身行礼，是表示对他人敬重的一种郑重礼节。鞠躬源于我国先秦时期，两人相见，弯腰曲身待之；现在已经成为人们表示尊敬普遍使用的一种礼节。适用于庄严肃穆或喜庆欢乐的仪式和一般社交场合，如演员谢幕、演讲前后、上台领奖、举行婚礼、悼念活动等场合；在商务活动和外事服务中也频繁使用，用以表达谢意或敬意。在我国，鞠躬也常用于下级向上级，学生向老师，晚辈向长辈表达由衷的敬意。亦常用于服务人员向宾客致意。有时还用于向他人表达深深的感激之情。

1. 鞠躬的基本方法

（1）遇到师长、长辈欲施鞠躬礼时，首先应该立正站好，保持身体的端正，同时双手在体前搭好（右手搭在左手上），面带微笑。

（2）鞠躬时，以腰部为轴心，整个腰及肩部向前倾斜 15 度，目光随着身体向下垂于脚尖前约 1.5 米处；鞠躬完毕恢复站姿，目光回到对方脸部，同时问候"您好""早上好"等。

（3）若是迎面碰上对方，正向鞠躬，鞠躬后，向右边跨出一步，礼让对方先行。

2. 鞠躬的种类

我国将鞠躬礼分为一鞠躬和三鞠躬；按上身倾斜程度分为 90 度、45 度、30 度和 15 度四种；90 度的鞠躬礼又称最敬礼，多用于三鞠躬致意时，连续下弯 90 度三次，属最高礼节；45 度的鞠躬礼常用于对对方有所抱歉或打扰时使用；30 度的鞠躬礼又称敬礼，通常为下级、学生、晚辈、服务员向对方表示敬意时采用的鞠躬；15 度鞠躬礼又称普通礼，用于一般性应酬，如介绍、握手、让座、让路等常伴随的鞠躬。30 度、15 度均以一鞠躬的形式出现，适应一切社交场合。

3. 鞠躬时应注意的问题

（1）一般情况下，鞠躬时必须脱下帽子，戴帽鞠躬是不礼貌的。

（2）鞠躬时目光应该向下看，表示一种谦恭的态度，不可以一面鞠躬一面翻起眼睛看着对方。

（3）鞠躬时，嘴里不能吃东西或叼着香烟。

（4）鞠躬礼毕直起身时，双眼应该有礼貌地注视对方，如果视线移向别处，即使行了鞠躬礼，也不会让人感受到诚心诚意。

4. 鞠躬礼训练提示

（1）两人面对面站好，互行鞠躬礼，相互间可进行纠正。

（2）一人原地站好，另一人从对面走过来，在对方面前 1～1.5 米处停住站好，行鞠躬礼。

（3）设计各种常见公共场合，如受礼者为坐姿，学生向其行鞠躬礼。

 精品阅读

源于中国的鞠躬礼，现今在日本、韩国更为盛行，或说当今世界上对鞠躬礼应用最多的是日本人，并将其分为"站礼"和"坐礼"两类。这两类均细分为最敬礼（90 度）、敬礼（30－45 度，30 度为见面礼，45 度为告别礼）、普通礼（15 度）三种。日本的鞠躬礼以双手搭在双腿上，鞠躬时，双手向下垂的程度越大，所表示的敬意就越深。

（二）致意

致意是一种表示问候的常用礼节。适合各种场合向相识的人打招呼。其形式多样：

1. 起立致意

适合领导、来宾到场，晚辈、下级见长辈、上级进屋时，男子看到站立的女子等场合；即使已坐下，也应起立致意，一般站立时间不长，只要对方表示你可就座，你便可坐下。

2. 举手致意（又称招手礼或挥手礼）

不必出声或高声大喊，举起右手，掌心朝向对方，轻轻摆一下即可，摆幅不要太大，手不要反复摇动。适合在公共场合与远距离的熟人打招呼。

3. 点头致意（又称点头礼或颔首礼）

头微向下一动，注视对方，辅以微笑。适合不宜交谈的场合，如老师正在与他人交谈，行进在人声嘈杂的街道上。

4. 欠身致意

欠身方法是全身或上半身稍向前倾，不一定低头，面带微笑注视对方；若为坐姿，见到老师时应马上站起，欠身致意。

5. 脱帽致意

是学生戴帽时为表示敬意施行的一种致意礼。其方法是：微欠立，用离对方稍远的那只手摘帽，置于大约与肩平行的位置，面带微笑注视对方并问好；若一手拿东西，则用空着的手去脱帽；如坐着要起立欠身；若路上遇见（步行或站立），可轻掀一下帽子点头致意即可。

各种场合中，男士应先向女士致意；年轻人应先向长辈致意；学生先向老师致意；下级先向上级致意。致意动作不可马虎，不要高声叫喊，不可将手插在衣、裤口袋里；须认认真真，标准文明，充分显示出对对方的尊重。

（三）礼让

礼让是礼仪的开始，标准、适当的礼让同样可体现对老师的尊重。一般礼让多见于两人正面相遇，特别是在过道里、楼梯上。

当与老师在过道里相遇，应马上站住，左（右）腿向后退半步，另一腿收回，身体向墙边靠，侧身让出空间，让老师先过。

在楼梯上，按中国人的习惯无论上下楼尽量右行，如遇到老师马上停下，向右边退半步，侧身，让老师先行通过。

（四）介绍

介绍是自己主动沟通或通过他人从中沟通，使双方建立关系的社交形式。由于老师教授的学生数量多，不可能对每个学生都会记住，因此，师生间的介绍也是必不可少的。

1. 自我介绍

（1）内容

自我介绍时可介绍姓名、班级，如"老师好，我叫 XX，是旅游班的学生"。如老师对其他情况感兴趣，可根据老师要求再做其他内容的介绍。

（2）方法

面带微笑，神态镇定且充满自信，先向老师行礼（鞠躬礼或点头礼都可），得到回应时再介绍自己，讲到自己时可将右手五指并拢，掌心向内，指向胸前，眼睛平视对方，做自我介绍。

2. 向老师介绍他人

当学生与同学或家长同行时，遇到老师，有时需要将自己的朋友或家长介绍给老师。

（1）介绍顺序

国际上公认的介绍顺序是把晚辈介绍给长辈；男士介绍给女士；下级、地位低者介绍给上级、地位高者；客人介绍给主人；后来者介绍给先来者。对于学生来说，应先把同学或家长介绍给老师，注意在介绍前应先称呼老师，再做介绍。如"张老师，这位是我的父亲""张老师，这是我的同学，王宇。"

（2）神态与手势

学生在为他人做介绍时应站立于被介绍者旁侧，身体上部略倾向被介绍者，伸出靠近被介绍者一侧的手，上臂与手臂呈弧形平举，掌心向上，拇指张开，四指自然并拢，指向被介绍者，面带微笑，两眼平视被介绍者，边说边示意，用自己的视线把另一方的注意力引导过来。

（3）他人介绍

如学生是被介绍者，应面带微笑，注视老师，被介绍完毕之后，向老师点头或行鞠躬礼，并重复一遍老师的称谓，如"张老师，您好。"

三、课堂的礼仪

（一）课前礼仪

着装得体，提前进入教室，不迟到；另外为老师做好课前准备，如擦黑板、擦讲台、搬运教学仪器等。课代表要提前和老师联系，看是否需要帮老师拿教具等。

（二）上课时礼仪

1. 安静待课

上课的铃声一响，学生应端坐在教室里，恭候老师上课，当教师宣布上课时，全班应迅速起立，向老师问好，待老师答礼后，方可坐下。若因特殊情况，不得已在教师上课后进入教室，应先喊"报告"，得到老师允许后，方可进入教室。进入教室后，要向老师说明迟到的原因，说话态度要诚恳，得到老师谅解和允许后方可入座。走向座位时，速度要快，脚步要轻，尽量不要发出大的声音，更不能有任何滑稽可笑的举止。坐下后，应立即集中注意力听老师讲课。

2. 认真听讲

在课堂上，要认真听老师讲解，注意力集中，独立思考，重要的内容应做好笔记。不允许交头接耳；冬天不应在教室内戴帽子、围巾、口罩、手套，夏天不应扇扇子；在课上不应吃东西、喝水。回答老师提问时，身体要立正，态度要落落大方，声音要清晰响亮，并且应当使用普通话。对老师提出的问题打不出时，也应先站起来，再用抱歉的语气实事求是地向老师说清楚，不能坐着直接说"不会"。对老师所阐述的问题或观点有不同意见时，要下课后单独找老师交换意见。

请教老师问题时应注意的礼节有：

（1）先把请教的问题考虑清楚，以便明确地向老师提出个人见解。

（2）请教的态度要谦虚，不要随便打断老师的讲述，若遇观点不同，可用征询语气委婉地说出自己的不同意见，谦虚的与教师探讨，不要以质问的语气跟教师说话。

（三）下课时礼仪

听到下课铃响时，若老师还未宣布下课，学生应当安心听讲，不要忙着收拾书本，或把桌子弄得乒乓作响，这是对老师的不尊重。下课时，全体同学仍需起立，与老师互道："再见"。待老师离开后学生方可离开。

四、与老师交谈的礼仪

交谈是双向交流，而不是一方发表演说。作为学生，在与老师交谈时，因地位或身份不同，更应注意有礼有节。但人都是平等的，不论是说话者，还是听话者都存在尊重对方的问题。一位善于交谈的人，首先必须是一位善于倾听的人，不但能说，而且会听，善于把握交谈的节奏和气氛，处理好交

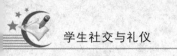

谈过程中的细节问题。善于聆听是交谈的秘诀。为此，作为交谈双方，都必须遵从交谈的礼仪通则，即谈话和倾听两方面的礼貌要求。

（一）谈话者应有的礼貌

如果学生是谈话者，要注意语速、语调有度，说话时的速度应适中。如果太快，连珠炮似的语速，则让老师听得吃力，达不到交流的目的，易让对方心里产生不快；说话太慢，往往让听者着急，甚至不耐烦，也会感到腻烦。因此，谈话的速度要缓急有度，应给对方以品味和思考的时间。在谈到重点问题时，应慢而有力，引起老师的注意；当发现老师对自己所说的意思不理解时，自己应有所意识，并及时采取补救措施。说话时语调应力求柔和、悦耳，做到轻重适宜，高低有度、快慢有节。与老师正面交谈，声音一般不宜太大，应以对方能听清楚为准，说话的声音轻而柔是态度友好的表示。

由于交谈对象的年龄、目的不同，在与老师交谈时要注意：交谈时的语速、音量应因人而异。一般对上年纪的老师交谈，应用较慢的语速、较大的声音与之交谈；与中、青年老师交谈，则宜轻言慢语，语调柔和。

（二）倾听者应有的礼貌

学生如果作为倾听者，更多的应以表情、身体姿态向老师传达信息。

1. 专注有礼

在交谈中，作为倾听者，首先要目视老师，即应以两眼直视老师以示专心；还可以点头或用手势等表示你在认真倾听，注意动作幅度不要太大。其次是专心静听，相互交谈，学生在听老师讲话时，不能左顾右盼，心不在焉，忌将目光在老师身上乱扫；切勿眼睛长时间看别处，显得很不耐烦，也不能手中玩弄物品、看书看报；不能伸懒腰、打哈欠，抓耳挠腮、轻叩手指、脚打拍子。此外，在听老师讲话时忌讳看表，如果这样做，无疑是向老师暗示：你对他的谈话已听得不耐烦，或有事要脱身，没有时间听他谈下去。

2. 不轻易打断老师的谈话

不打断老师说话，尤其在对方谈到兴头上时更不宜打断，这是谈话的基本礼貌。然而在现实中，有些学生一旦老师谈话的内容不中其意，就不耐烦地打断老师，或以某种动作流露出自己对老师所言不感兴趣，或在老师暂时停顿时借机打断老师讲话，这两种都是对老师极不礼貌的表现。一般而言，对老师谈话不要随便打断或贸然插话，若非打断不可时，也应先礼貌地向老师说:"对不起,老师,请允许我打断您一下。"待自己表达意见后,应立即请老师继续说下去;非插话不可时,也应先通过目光暗示或十分礼貌地插入"对这个问题,我想谈几句。"

3. 时有反应

听老师说话时要专注静听,而不是被动地、默默地听,同时要附和对方,通过表情、手势、颔首,以示听清或赞同,如能在颔首的同时,适时地插入一两句话,效果会更好。

作为听者,反应大体上有两种,一种是基本反应,即用"噢""嗯""唔""是吗"等表示你在听,这是倾听者最起码的反应;否则,你一声不吭,在听话全过程中始终保持沉默,就无法表明你是否在听。另一种是积极反应,即当学生与老师的观点、看法基本一致时,通过颔首或以"是""对""您说得没错""我也有同感"等语言,对对方的谈话表示肯定或赞同;或就谈话内容,向老师提出一些问题,引导老师作更为深入的交谈。如果不赞同老师的观点,也不应随意附和,可以尽量以委婉的方式表示自己的看法,而不能直截了当地否定老师的意见。在陈述反对意见前应充分尊重和肯定老师谈话中你所赞同的观点,随后再陈述自己的意见,并询问老师有何意见;还应明确表示自己所反对的只是对方意见的某一点,而绝不是全盘否定。

4. 评价慎重

在交谈中,当老师谈到某件事或某个人时,自己不宜轻易做出评价,尤其是不要轻易评价不在场的第三人,如果老师让你谈谈自己的看法,也应该客观公正地表达自己的意见。当你还没听完或听明白老师谈话的意思时,不要轻易对老师的谈话做出归纳或轻易下结论。

五、其他礼仪

(一) 进出老师办公室的礼节

1. 进入房间

进入老师的房间或办公室,都应轻轻叩门,得到允许后方可进入,切不可贸然闯入。叩门时应以指关节轻叩,不可以用力拍打。不论房间的门是开着还是关着,叩门是必须的。

(1) 要先通报

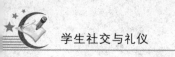

在进入房门前，一定要采取叩门、按铃的方式，向房内之人进行通报。

（2）要以手开关门

出入房门时，务必要用手来开门或关门。在开关房门时，用肘部顶、用膝盖拱、用臀部撞、用脚尖踢、用脚跟蹬等不良做法，都不宜为学生所用。

（3）进入房间

进入房间应该是轻轻地，如果需要关门的话，应该回身把门关好，不可以随手"砰"的一声把房门带上。进门后向房里看到你的老师点头致意，或问候"老师好"。若是打断了老师，应该道歉说"对不起，打扰了"。特别是在出入一个较小的房间，而房内又有自己熟悉之人时，最好是反手关门，反手开门，并且始终注意面向对方，而不是把背部朝向对方。与他人一起先后出入房门时，为了表示自己的礼貌，学生一般应当自己后进门、后出门，而请对方先进门、先出门。

（4）要为人拉门

有时，在陪同引导他人时，学生有义务在出入房门时替对方拉门。

2. 退出房间

走出房间应该回身轻轻把门带上，不能扬长而去。

3. 注意事项

（1）学生进入老师办公室一定要先敲门，得到允许后方可进入。

（2）进入后应与看到自己的其他老师点头致意。

（3）注意不要坐在其他老师的座位上，也不要随便乱翻办公室内的东西。

（4）事情办完，立即离开办公室，并礼貌地与老师告别。告别一般是先谢后辞，如说"谢谢老师，再见！"

（5）出办公室的动作要轻，不要大声喧哗，以免影响老师工作。

（6）到领导办公室，一般要预约，并按时到达。

（二）与老师递接物品的礼节

递物与接物是生活中常常遇到的一种举止。

1. 递物

礼仪的基本原则是尊重他人，而双手递物恰恰体现了对对方的尊重。

（1）递交有文字的物品

如向老师递交作业、文件、信件、请假条等物件时，应该用双手递上，并且使物件的正面对着老师一方。

（2）递交尖韧物品

递笔、刀剪之类尖利的物品时，需将尖头朝向自己的斜下方，握在手中，而不要指向老师。

2. 接物

接受老师递过来的物品时，应双手接过。如是有字的文件，一定要仔细地看一下，可就上面的问题当面请教，不要接物后，漫不经心地随手放置；如是其他物品，都应该同样用双手去接，同时点头示意或道谢。

（三）到老师家拜访的礼节

1. 有约在先

在飞速发展的当今，时间就是效率。五天工作制，天天工作有计划，人人工作有安排，所以有事需要拜访老师应事先预约，临时拜访、做不速之客是不礼貌的。预约时间要尽量准确，并且要照顾老师的时间。拜访时间不宜太早，白天避开吃饭和休息时间，晚上不要太晚。预约的同时讲明拜访事由，让老师事先有所准备。

2. 守时守约

拜访老师要准时，不要提前，更不要迟到。若提前到可在外面转转，到时再进去。因为到居室拜访，提前去，别人没准备好，容易引起难堪。迟到是很不礼貌的，因不可避免的原因不能按时到达，应提前通知老师并诚恳致歉；如联系不到老师，过后一定要专门道歉，争取谅解。

3. 礼貌登门

到了老师家门口应先按门铃或敲门，门即使是开着的，也要敲门。按门铃或敲门动作要轻，要有节奏的停顿，仔细听是否有回音，不要连续不断地用力拍。

4. 见面礼节

老师开门后，要问候老师。若去不认识自己的老师家拜访应先确认老师的身份，然后再问候，做自我介绍。如说"您好！请问这是张老师的家吗？""张老师在家吗？""张老师，您好！打扰您了，我是三年级二班的学生，叫

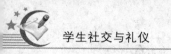

XXX。"如果敲错门，别忘了道歉。老师请你进门，你再进屋。进屋后，屋里若有其他人应与其他人点头致意。

5. 拜访中的礼节

进屋后，东西不要乱放，老师请坐后再坐下，并向老师谢座。与老师交谈时注意交谈礼节。

6. 告辞礼节

拜访时间不宜太长，一般不超过 20 分钟为宜。到吃饭、休息时间应告辞，有其他客人来访时也应告辞。不要总是看表，让人觉得你急于想走，也不要在老师说完一段话或一件事后，立即提出告辞，这样会使老师认为你不耐烦和不感兴趣。告辞时一般遵从"先谢后辞"的原则。如恭敬地对老师说"打扰多时了，我该告辞了，谢谢您的帮助与指教，再见"。老师相送，应及时请老师留步。

（四）其他礼仪

在老师的工作、生活场所，不能随便翻动老师的物品。学生对老师的相貌和衣着不应指指点点，评头论足，要尊重老师的习惯和人格。

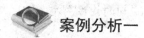 案例分析一

向老师问好是尊师的基础

几个同学肩并肩有说有笑地在校园中走着，迎面走来一位老师，他们互不认识，但当这位老师走到这几名同学身边时，其他人都还是说笑，只有一位同学，恭敬地鞠了一躬，并说了声"老师好"，老师当然也高兴地回了一句"你好"，别的同学都没跟老师打招呼。等老师过去之后，有的人说那个同学有礼貌，不认识的老师还给鞠躬，有的人说他虚伪，根本是在装样子，给别人看的。那位同学没有反驳他们，只是说了一句："尊敬老师是做学生最基本的要求。"

 案例分析

学生要尊重老师，这种尊重首先体现在表面礼节上，见到老师要有礼貌，能够做到主动热情打招呼，在每次上课前主动清理讲台、课间擦黑板等这些

小事也能让老师体会到学生的细心。尊重还包括与老师讲话时，语气温和，语调平稳，说话时不要指手画脚。要保持端正的身体，双目注视老师，认真听，不可东张西望，不可将手插在口袋里，或两条腿一颤一抖地晃动。这些看似简单的行为，体现了学生尊重老师的意识和受教育的程度。如果学生不能学会尊重他人，将来很难融入社会，也得不到相应的尊重和认可。

尊师不仅体现在对老师有礼貌、帮老师拿东西等方面，还体现在对老师辛勤劳动的理解，并用优异的成绩来报答老师的辛勤工作。所以，一声亲切的问候，可以化解老师一天的疲劳。

 案例分析二

向老师提意见要讲分寸

每一个人的成长都离不开老师。在学习知识的过程中，我们都难免会因为这样那样的原因挑战权威、质疑老师。有人说，不会提出个人见解的学生多半不是好学生，可是老师毕竟是长者，即便他们在某一个环节上犯错误，作为学生也要尊重他们。然后，选择合适的时机以恰当的方式向老师提出个人见解。

教师几乎每天都要对学生的行为做出评价，帮助他们发扬优点，克服缺点，引导他们提高认识。作为学生，我们应当尊重老师。对老师毕恭毕敬唯唯诺诺未必就是尊师，向老师直抒己见、表达不同的观点未必就是不尊师。关键是怎样给老师提意见。

在调查中大多数老师都表示可以接受学生给自己提意见，但希望提意见也要讲究方式方法，应该注意给老师留些面子。

 案例分析

不论在学习、工作，还是日常交往中，我们与人谈话都要注意选择合适的时机和场合，给老师提意见和建议也是如此。一般来说，老师在全神贯注地讲课或讲话时不要打断，即使是要讨论课上的问题，也最好不要当时提出来。因为这样做容易打断老师的思路，干扰教学进度，甚至影响其他同学的学习。

此外，在提意见时，不要固执己见，要谦虚谨慎；不要强加于人，要客观表明自己的态度，同时给别人保留不同观点的权利。不要用"我的意见是绝对没错"类似的语气来跟老师讨论问题。

老师们热爱自己的学生，但也希望在学生中保持一定的威信和地位，这样才能更好地教育孩子们。因此，可能老师比其他职业者更重视在他人面前的表现。所以在老师有失误的地方，学生最好对当时的环境和氛围做简单分析后，再考虑是否可以当时提出来，还是可以事后再跟老师提意见。

学生向老师提意见，要注意语气和方式。否则，不但不利于问题的解决，而且容易引起误解和反感。即使是普通的朋友和同龄人，在给对方提意见的时候，也要考虑是否会伤害到对方的自尊心。对于师长，更应该如此。如果有意见要提，一定要注意用礼貌、商量、交换意见的口气进行，不要武断地说"你这不对，你那不对"，更不能因为老师的失误或不足而在言语中表现出不屑一顾。

如果在听讲时发现老师讲话有误或有不当之处，也最好不要马上发表意见，一是避免分散其他同学的注意力，影响授课质量；二是不要当众让老师难堪，这也是为人处世的基本原则。

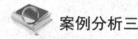 **案例分析三**

上课应答的礼仪和规范

教师上课提问，是检验教学效果最快捷和最直接的方法。一方面可以了解学生对教学内容是否理解接受了，另一方面又可启发学生积极思考，使学生集中注意力。而学生的回答，反过来又能启发教师的思维活动。因此，教师提问是一种正当和必要的教学手段，学生应该有礼貌地对待教师的提问。

本校的许多老师反映，现在上课提问起不到应有的作用，有些学生由于课前不认真复习，在老师提问时，不是答非所问，就是站起来一句话也不说，弄得老师无可奈何，而且还会影响到授课进度。

 案例分析

学生如要回答问题，应先举手，并在老师点到自己的名字时，站起来答题。切不可坐在座位上，七嘴八舌地发言，也不要抢先答题。

回答问题时，站姿、表情必须要大方，不要搔首弄姿或故意做出滑稽的举止引人发笑，说话声音要响亮、清晰，不要声音过低或吐字不清。

对于提的问题答不出，也应先站起来，再用抱歉的语调实事求是地向老师说清楚，不要不站起来或站起来后不说话。

在别人回答问题时，不应随便插嘴。别人答错了，也不应讥讽嘲笑。自己能答，可举手，得到老师允许，再站起来补充回答。课堂回答问题应做到：

1. 通常先举手后回答。

2. 站姿要端正。

3. 目光注视前方，声音响亮，以全班同学都听得见为宜。

4. 要有条理、简明，尽量无语病。

5. 集体回答时，尽量和同学们声音一致，忌出异调怪腔。

6. 同学发言出错时，忌哄笑挖苦。

 活动与探究

学生小宋是个自由散漫的学生，经常迟到、旷课。一天，小宋来到班主任的办公室，向老师请假。班主任问道："你身体不舒服吗？"小宋说："是啊，可能有点感冒。"班主任说："要不要先去医院看一下？"小宋说："不用啦，回家睡一觉就好。"班主任想了想说："这样吧，我和你家长联系一下，让家长带你去看看病。"小宋马上急了："为什么要给家长说啊，你到底准不准？"班主任说："不是不准你假，有病就要去看，再说通知家长只是为了让家长及时了解你的情况，没有什么不可以。这也是为了让你尽早治好病，早点回来上课。"小宋恨恨地说："不准算了。"然后摔门而去。

问：1. 小宋对待老师的态度正确吗？

2. 小宋应该如何与老师交谈？

知识运用：

1. 对待老师的基本礼仪有哪些？

2. 鞠躬礼应注意的事项有哪些？

3. 致意有哪些种类？

4. 上课迟到了该怎么做？

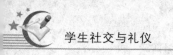

5. 如何正确礼貌地回答老师的提问？

6. 学生作为听者应注意些什么问题？

7. 进出老师办公室有何要求？

8. 去老师家拜访，在时间上有什么要求？

第二节　与同学交往的礼仪

在校期间，同学们朝夕相处，是亲密的伙伴。同学情是学校生活中最宝贵的财富，它具有纯真、浪漫、充满活力的特点。为此，与同学交往应注意遵循有关的礼仪规范，从而建立一个和睦的同学关系网，使自己度过一段美好难忘的校园时光。

一、同学交往的基本礼仪

1. 互相尊重

尊重是人与人交往的前提。每位同学都需要被他人关爱，被他人尊重。首先要尊重他人人格。讥笑、辱骂、给同学起侮辱性绰号，不仅伤害同学的自尊心，还侮辱了同学的人格，是低级趣味的、很不礼貌和很不道德的行为。其次，要尊重他人的生活习惯。每位同学的生活习惯是自幼养成的，是受家庭的教育和周围环境的影响而潜移默化的结果。尊重别人的生活习惯就等于对他人人格的尊重。

2. 互相帮助

同学之间应该互相帮助。学习上，成绩好的同学要真诚地帮助成绩较差的同学，帮助他们按时、独立地完成作业。劳动中要关心照顾年幼体弱的同学。当同学生病时，应主动探望并帮助补习功课。当同学取得成绩得到表扬时，应对他表示祝贺，不能嫉妒嘲讽；当同学遇到困难、发生不幸或犯了错误时，不要歧视挖苦、幸灾乐祸，应带着善良的同情心，尽力帮助他们。互相帮助要与"哥们儿义气"严格区分。

3. 互相谦让

当同学之间因意见不同而发生纠纷时，要心平气和地讲道理。不可用不文明的语言辱骂对方，更不能粗暴地动手打人。进出校园或其他活动场所时，要互相谦让，有秩序地进出，不可拥挤打闹。无意碰撞了别人或踩了别人，应主动道歉。

4. 真诚友爱

真诚友爱是一种崇高的道德情感，同学们应树立"心中有他人"的观念，同学之间友爱团结。同学之间要平等相待，相互尊重，一言一行、一举一动都要从团结的愿望出发。平时遇见同学一定要打招呼。打招呼的方式很多，可以问好、点头、微笑、招手或喊一声名字等。打招呼要做到热情、诚恳。用你的真诚去爱别人，必然会得到别人真诚的回报。

5. 集体意识

每一个人都离不开集体，正像一滴水离不开浩瀚的江河大海一样。因此，我们每位同学都要有集体意识。在集体生活中，要顾全大局，遵守规章制度，不可我行我素。在你付出的同时，也将会得到社会和他人的尊重。

6. 善于交谈

交谈是同学之间交流的主要形式之一。交流可以增加同学间的了解、友谊和相互增长知识。同学们之间的交谈应该注意一些问题：

（1）说话态度要诚恳谦虚，语调平和，不可装腔作势。

（2）交谈中力求语言文雅，注意场合和分寸。

（3）开玩笑，应注意，该说的说，不该说的不说。

听同学说话时态度要认真，不得轻易打断别人的讲话，要插话或提问时，应选择适当的时机，若同学说得欠妥或说错了，应在不伤害同学自尊心的情况下，恳切、委婉地指出。吵架、骂人、说难听的话是一种无教养的行为及无礼的表现。

7. 借物还物

同学们经常在一起，难免相互之间借用东西，但是须谨记有借有还，即使随便用一下别人的物品，也应事先打招呼，征得他人同意，切记用"请""麻烦""谢谢"等礼貌用语。

8. 帮助他人

乐于助人是我们中华民族的传统美德之一，也是校园礼仪中不可缺少的内容。当有同学需要帮助时，应分清是非，弄明情况，如果是对的，应尽力而为、量力而行、助其一臂之力，忌视而不见、置之不理。如果有人让你弄虚作假，或是做违反校纪的事，就要有正确的是非观，不可同流合污。自己需要帮助时，不要强求别人，要学会换位思考，多替他人考虑。尽量不给别

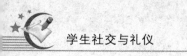

人造成困难，甚至带来麻烦。

二、不同场合和身份的交往礼仪

（一）男女同学交往礼仪

1. 言行举止要有分寸。对待异性同学不必过分拘谨，也不能过于随便，更不宜过分亲昵，一些不应开的玩笑、不应做的举动禁做，要注意男女有别。

2. 着装打扮要与身份适宜。作为一名职教学生，衣着要整洁大方，同自己的身份相符，不要浓妆艳抹，也不要穿奇装异服，奇装异服容易给人虚浮、轻薄之感。

3. 要相互理解和尊重，要讲文明礼貌，自尊自爱，互尊互爱；待人不卑不亢，宽容大度。

4. 异性之间的交往应在集体活动的时间内，避免时间过晚或单独在一起，男女同学间的交往应该是公开的，只限于学习、工作和有意义的娱乐活动范围内，普遍被大多数人所接受的。

总之，男女同学相处是学生社会交往不可缺少的内容。与异性同学交往是一门科学和艺术，只有在不断的实践和学习中，才能使自己逐渐掌握其要领。我们应该积极、健康、大胆地参与异性的交往活动中，不断提高人际交往能力。通过与异性同学交往，可以掌握适应社会的技巧，学习男女之间相处的礼仪和文明行为。通过与异性同学交往，可以帮助男生克服逞能好强、骄傲自满的不良心理；同时也可以帮助女生克服优柔寡断、感情脆弱等性格特点，克服自卑心理，树立自信心，通过相互交往，彼此学习，相互影响，完善自我。

（二）同学聚会礼仪

同学的生日、毕业和老乡聚会应以精神交流为主，以学业和事业为重。活动的安排应有激励作用，应能鼓舞同学奋发向上，使同学愉快地度过生日，并享受同学们给予的集体友爱和温暖。而不应每人凑钱，到馆子里或在寝室里大吃大喝，不能酗酒和无节制地狂欢，更不能影响他人的正常生活。

同学聚会是同学交流感情，相互学习，结识朋友的最常见的活动形式。新同学刚刚离开家乡、离开父母，迫切需要结识新的同学、朋友，从而获得帮助。为此，在参加同学聚会时要注意其中的礼节。

1. 打扮整洁，穿着大方整齐，不吃带刺激的食物。

2. 遵守时间，按时到达。主动热情地与同学打招呼、交谈。

3. 注意自我介绍和介绍他人的礼节。

◇ 自我介绍是结识新朋友的最好方法。其礼节有：

（1）镇定、自信，微笑亲切自然、眼神友善可掬。

（2）先向对方点头致意、问好或询问对方的班级、姓名，得到对方有愿意结识的回音后再从容大方地自我介绍。

（3）介绍内容应简洁明了，一般是简单介绍姓名、班级，并可加寒暄语。如"我是医药与化学工程系2017级的同学，叫×××，很高兴认识你"。

（4）介绍的语气应自然、平和、明快。

（5）女同学一般不宜主动向陌生男同学自我介绍，不然容易被对方误解为轻浮。

◇ 介绍他人是帮助同学相互认识的常用形式。其礼节有：

（1）先了解双方是否有结识的愿望，特别是男女同学之间。

（2）介绍通则：受尊重的一方先了解对方。介绍他人的顺序是：

①把低年级的同学（年纪小的同学）先介绍给高年级的同学。

②双方年龄差不多，把与自己关系密切的同学引见给另一同学。

③把一个人介绍给众人。

④群体介绍按座位次序一一介绍。

⑤把晚到的同学介绍给早到的同学。

◇ 注意介绍的站位和手势。介绍人、被介绍人、中介人成三角之势。介绍人手心向上，四指并拢，礼貌地示意被介绍人，眼睛看着要告诉的人，千万不要用手指指介绍人。

◇ 介绍内容：姓名、班级。有时为了方便双方展开话题，还可介绍些特长、爱好。

◇ 一般介绍时，被介绍

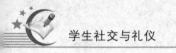

人、中介人应起立。

◇ 介绍完毕，被介绍的双方应立即相互问候。如"你好！认识你很高兴。"

◇ 介绍双方交谈后，中介人方可离开。

（三）与外国学生交往的礼节

1. 遵时守约。这是国际交往中非常重要的礼貌。参加外事活动和赴约，要按时到达，因不可避免的原因不能到达，应想办法提前通知对方并诚恳致歉。

2. 仪表整洁得体。衣着要整齐美观，衣领袖口要干净，皮鞋要上油擦亮。男士穿西装打好领带，梳理好头发，刮净胡子，修剪好指甲。

3. 举止要落落大方，端庄稳重，表现自然，站有站相，坐有坐相。交往前不要吃带有刺激味的食物。

4. 言谈要文雅。言谈的态度要诚恳、自然、大方，语气要和蔼可亲，表达要得体，不要询问个人隐私。

5. 尊重各国的风俗习惯。不同的国家、民族，由于不同的历史、文化、宗教等因素，各有其特殊的风俗习惯和礼节，在涉外交往中要予以重视。不要随意谈论当事国的内政、外交、宗教等问题。

6. 送礼不必用太多的谦卑之词，礼品不必太贵重，但包装一定要精美，送礼品一定要公开大方。

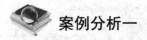 **案例分析一**

打听同学隐私不可取

学生具有良好的交往礼仪不仅有利于交往的畅通，也体现着自身的文化修养。现代社会对个人生活隐私的保护日益重视。同学之间更要注意相互尊重，对于家庭情况、身体状况等个人信息不要相互打听、传播，以免给别人带来不快，给自己带来麻烦。

为了进一步保护学生的隐私，有关部门出台了相关方案。上海杨浦区就为学生提供了个别检查、单间检查、预约检查的服务。学生们对于隐私的概念是在生活中逐步建立起来的，这也要求同学之间互相尊重。打探隐私的行为有失礼貌，这多半是学生们并不清楚隐私的概念所造成的。学生小王表示："我不太清楚隐私都包括什么，但有时我不太愿意把家里的电话告诉别人，一些同学就会觉得我小气，其实这应该是个人的自由。"还在读烹饪专业的一位学生说："一次我得了重病，在家休息了好长时间。回到学校后，很多同学都追问我到底得了什么病，让我觉得心里不太舒服。毕竟有些问题是难言之隐，我真的不愿意让更多的人知道。"现在有些学生属单亲家庭，对于家庭方面的话题特别敏感，可就有些学生知道别人父母离异后，表现出极大的兴趣，无形中给这些学生在心理上造成更大的伤害。

 ## 案例分析

在校园中，同学之间的相处是非常密切的，涉及隐私的地方不可避免。目前还没有一条成文的规定，该用何种具体的文明方式尊重他人的隐私，这一礼仪问题需要学生自己去体会、去学习、去建立。

打探隐私固然是不可取的，一些学生因为年龄和阅历的关系喜欢问长问短，虽然没有恶意，但在无意中可能涉及他人的隐私，从而招致反感。也有学生把自己了解到的有关其他人的重要信息随意传播，给他人带来不必要的麻烦。因此，学会适当收起对他人的"好奇心"，约束自己的言行，才会加深同学间的友谊。

作为学生还应该了解隐私的概念，比如同学的家庭情况、个人信息等等，在别人不愿意透露的情况下，应表现出尊重的态度，而不是一再地追问。要知道，忽略别人的感受随意打探隐私，只会招致他人的不良情绪，甚至伤害彼此的感情。老师和家长也应帮助学生体会隐私概念，适当体验伤及隐私时的痛苦感受，用引导的方式教育孩子。

1. 同学间应该彼此尊重，即使关系亲密，也不应随意打探对方的家庭情况。

2. 同学的物品不要随意使用，别人托付的物品应保管妥当。

3. 同学的手机、电脑存有重要的个人信息，未经允许不得使用。在使用中不随便查看其他内容，用后及时归还主人。

4. 同学生病时应该给予适当问候，不要打探对方的具体病情、病因。

5. 学生应提高个人信息资料自我保护和管理意识。

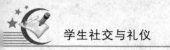

➤ 校园三字经·隐私

校园内，讲人际，同学熟，重实约。小消息，背后议，招人嫌，众口弃。人与人，需沟通，若忽视，朋友失。独行侠，众非议，无交流，性孤僻。

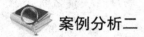 **案例分析二**

同学间借东西，打声招呼爱惜用

日常生活中，使用别人物品时应该征得主人允许，这是学生学习如何待人接物的重要环节，是发展学生社会技能的重要任务。学生应该通过一件件小事，发展良好的交往能力，培养自身礼貌的行为习惯。

《中学生日常行为规范》中规定：未经允许不进入他人房间、不动用他人物品、不看他人信件和日记。类似的条款在很多学校规章制度中较为常见，但一些学生对此并不重视，有时甚至认为朋友之间可以不分彼此。

本校的学生小刘表示："现在学生中手机的普及率挺高的，我的新手机买了不到两天就被同学拿走了，虽然他把他的手机留给我，说是换两天用用就还，但从心里我并不愿意。"如果说中学生对这样的基本礼仪还不了解的话，以后会同样存在着不打招呼就使用别人物品的问题。一位学生小崔告诉记者："寝室中某位同学买了电脑，有时候就成了公用的，室友们有时问都不问，就随手把电脑打开，走时又不关机。这种行为非常令人反感。我觉得使用他人贵重的物品应该事先征得主人的同意，更何况电脑中有很多贵重的资料或者一些隐秘的文件，同学间应该彼此尊重，不能随意使用他人物品。"

 案例分析

使用他人物品要事先征求主人的意见，经过允许才能够顺理成章地使用，否则不仅丢失了基本的礼貌，也会损害彼此之间的关系。看似简单的道理却是我们平时做事的一项基本规则，忽略掉这些规则，也等于忽略了他人的感受。

《弟子规》明确告诉世人"不商量就拿叫作偷"。虽然今天我们不能一概而论，但不打招呼就随意使用他人物品却是非常不礼貌的行为。现代人讲求"礼数"，进房间前要先敲门，即使是空屋子，我们也应该遵循这样的礼节，以免给人唐突的感觉，造成不必要的误会。这个"礼数"体现的就是一种做事为人的规则。

同学之间的友谊需要互相包容、细心经营。使用同学的物品，应该礼貌对待，征求了主人的意见，会让对方有受到尊重的感受；相反莽撞行事，不仅导致误会产生，也会令彼此的关系变得淡漠。因此，同学间应该提倡相互尊重，养成良好的交往习惯。注重培养礼仪文明，是保障彼此关系和谐健康发展的基础。

使用他人物品应该征求主人的同意，同学间即使关系亲密，也应该事先打声招呼，不要想当然地认为关系好就可以随意动用他人的物品。

在学校应该爱护设施，对公共财产有责任保护。在未经允许的条件下，不可使用校内设施，以免造成损坏。

同学间使用他人贵重物品，如手机、电脑等，要格外爱惜。借用物品提前约定好时间，定期归还。

➤ 三字经·社交

寒窗中，应朴素，追奢侈，学业失。美少女，社交中，着淡妆，忌浓重。留指甲，不卫生，藏污垢，病丛生。高跟鞋，要慎重，跟过高，需放弃。

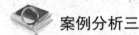

案例分析三

玩笑开过火，易伤同学心

人生中最纯真的友谊是在校园里形成的，人生中最诚挚的朋友也往往是自己的同学。所以，在学生时代一定要珍重同窗情谊，相互关爱和帮助。虽然说童言无忌，但是有的时候自己不经意中的一个动作或一句话伤害了对方，甚至给对方造成一生的阴影。所以，同学间的交往仅有一颗热情与坦诚之心是不够的，同学之间还要学会体谅、尊重对方，不仅要懂得如何不伤害别人，同时当对方善意伤害自己时要学会宽容。

在学校中一些语言伤害来自同伴。许多学生表示：同学互相起外号，有的同学被激怒而发生冲突，更多地被起外号的同学出现不同程度的心理压抑和痛苦。一些青少年杂志社经常接到家长的电话，诉说自己的孩子因受到同学挖苦和嘲讽，对上学产生了恐惧感，不想继续上学或者要求转学。

学生小韩说："同学之间不应该互相起外号。"如果被同学起了外号的话，其他的同学会跟着叫你的外号，那么你的心情会很难过，也会影响学业和同学之间的团结。虽说好的外号会增加彼此之间的亲切感，但有些同学给别人起的外号是含贬义的，有部分同学甚至用脏话给人起外号。这样，对方会感到很反感，彼此也会疏远。

 案例分析

给别人起绰号是常见现象，符合孩子的成长特点。面对事物时，儿童喜欢抓特征便于记忆，这体现着孩子的观察力和想象力。因此，完全禁止起绰号的行为不科学也不实际，只有正确引导学生，才能让他们领悟尊重他人的道理。

历史上有绰号的人很多，比如《水浒传》里的"浪里白条"、"智多星"等，这都体现着一种对人的赞美，是完全善意的，受到欢迎的同时，还会给人一种愉快的享受。

所以，起绰号的行为要具体问题具体分析，其根源是让孩子理解如何尊重别人。比如拿人家的生理缺陷起绰号，抓住别人的缺点、差错不放手，侮辱同学人格，这些行为是对别人最起码的不尊重，与之联系的绰号不但显示不出与同学的亲密，反而会引起人家的反感。这时，学校、家长都应该及时引导孩子，让学生体验被别人起不恰当绰号后的痛苦感受，让他们明白尊重别人是进入学校、进入社会的礼仪起点。

同学之间相互称呼外号其实是一种亲昵的举动，但是这要看外号是否起得恰当。有的外号对对方是一种赞赏或表扬，并非含有贬义，比如称爱学习的同学为"小学究"，叫班上年纪最小的同学为"小不点儿"，这些外号不仅不会让对方觉得反感，还会让人觉得受到了宠爱，有利于建立良好的同窗关系，说不准这些外号还会成为一个人难忘的回忆，甚至会跟随他一生。

但是，如果给同学起的外号因嘲笑对方身材、智力、家庭等缺憾，甚至是具有侮辱性的外号，就是对别人的不尊重了，应该禁止。

此外，除了相互叫外号，同学之间开玩笑时也要讲究轻重，千万别说到对方的短处或是痛处，当被开玩笑的同学露出不满神情时，一定要及时停止，并立即安抚对方。

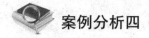 **案例分析四**

宁静课堂杜绝手机干扰

随着生活水平的提高，手机已经成为再平常不过的通信工具。这种普及性不仅体现在成年人中，在学生群体中也很普遍。手机在给我们提供方便的同时也引发了一些不容忽视的问题，许多学生把手机当成了即时玩具，上课发短信、玩游戏、上网等，手机污染已经成为课堂上不协调的景象。

目前职业学校学生基本都拥有手机，他们用手机发短信、聊天、玩游戏、网购等。在学生手中，手机是多种功能的集合体，既是通信工具，也是玩具，还是生活支付工具。

上课时间，老师在讲台前滔滔不绝，学生在座位上正襟危坐，从前方一眼望到后，一群很听话的学生，时而低头整理，时而抬头望师，仿佛完全融入了课堂；但从后面望，一群"聚精会神"的学生都做着同样一个动作——低头看手机，而所谓的抬头只是在等待下一条讯息的来临。

面对越来越多的课堂"拇指一族"，老师和学生更多的是反感。某专业的小李说："我的同桌整天离不开手机，无论是上课下课，他总是在聚精会神的发短信，不知道哪来那么多短信要发，有时无聊了还玩手机里的游戏。虽然他把手机声音调到了振动，但是来短信时桌洞里一振一振的，对我听课还是有影响的。我觉得学生用手机并没有错，但是上课应该关机或静音，不能打扰到老师和同学。"

姜老师说："我不赞成学生带手机，学生本身好奇心强，自控力差，拿着手机极容易分散听课的注意力。一些学生痴迷于课堂上发送短信息、玩游戏，不仅会严重影响自己的听课质量，也会使老师降低讲课的情绪。但现在家长对孩子很宽松，要就给买，学校也没办法。"言语中透出了些许无奈。

 **案例分析**

作为一名学生，杜绝课上用手机发短信或玩游戏不仅是学生与老师之间的相互尊重，更是人与人之间最起码的礼节。包括成年人都应该懂得这样的道理：开会、听课和一些安静的场合不应该使用手机，或者至少把手机调到

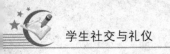

振动，不随意接听电话。

同学们在上课时，如果授课老师的手机响了，大家都会很反感，认为是老师对自己的不尊重，有些学校还会把老师在课上接听电话当作教学事故来处理。同样，学生上课使用手机既影响到其他学生的听课，又会影响到老师的讲课。每一堂课老师都会精心准备，每个教学环节都会细心琢磨，对于学生来说，不管有什么急事，无论有什么可以解释的理由，上课时手机作响、同学间互相发短信都是对老师的不尊重。上课，本来就是一个互动的过程，作为学生不应该以低头发短信、玩游戏来代替思考、提问、议论。现在出台对于学生上课使用手机的准则是很有必要的。但更为重要的是学生的自觉遵守及与老师的相互配合。

学生时代是最易接受新生事物且缺乏自制能力的年龄段，因此学生拥有手机最易出现在购买手机时相互攀比、上课或自习时发短信、玩游戏影响学习的情况。家长给孩子配备手机要以实用为原则，同时建议学校做出明确规定，不要让学生在上课时使用手机。

学生有手机已经不是新鲜事，由此引发的问题值得我们思考。上课时手机短信不断、有的同学甚至沉迷于游戏，听讲座或开会等安静的场合手机铃声响个不停，跟老师、长辈讲话时还不耽误接发短信。围绕着手机的不文明行为，作为一名学生应该懂得自律，上课时间应自觉关闭手机，至少要把手机调成振动或将声音模式调成静音。手机应该成为同学之间便于联系的工具，但它的工作时间是在课堂外。

"请家长不要购买手机作为礼物送给孩子，以免影响孩子在校学习。"某中学曾经致信全校学生家长，要求家长不要为孩子配手机。不少教师表示，由于很多学生在上课时用手机发短信，这种行为严重影响了课堂秩序。为了自己和别人的共同利益，青年学子们应该把杜绝上课使用手机当成一项校园行为规范来自觉遵守，让手机污染远离课堂。

 活动与探究

小孙和小李是非常好的朋友，他们住在309宿舍。有一天，管宿舍的老师听到有学生反映，309室的小李偷东西。老师马上把小李叫了过来，询问是怎么回事。小李解释到："我没有偷东西。今天中午我没吃午饭，下午下了课，肚子有些饿。小孙说他的柜子里有吃的东西，让我自己去拿。我回宿舍后在小孙的柜子里拿了些吃的。"老师问："是小孙给你的柜子钥匙吗？"小李说："他的柜子锁坏掉了，宿舍里的同学都知道，不用钥匙就能打开。我得到小孙的同意了，这不算偷。"小李委屈地说。

问：1. 小李的行为算不算偷窃？

2. 如果你想向同学借东西，你会怎样做？

一天，值日生王同学不小心把水洒在张同学的鞋子、裤子上，张同学非常生气，让王同学把他的裤子弄干，否则就对他不客气，王同学觉得自己不是故意的，于是也毫不示弱地说：又不是故意的，再说也不是什么大不了的事儿，你有完没完？两人你一言我一语，谁也不让步，结果两人厮打在一起，王同学的衣服被撕破，张同学的脸被抓破，老师赶来战争才停火。

问：若你是其中的一位学生，你准备怎么做？

赵同学和王同学是小学同学，上中学后又在一个班，一天两人在回家的路上说起了班里李同学的坏话，这时正好本班的马同学经过并听到两人对话，第二天到学校后，就把昨天听到的告诉李同学，李同学听后非常气愤，就告诉初三的邻居，让他为自己摆平这件事，这个邻居不问青红皂白，就在放学的路上把赵、王打了，赵同学左耳膜被打破，左耳听力下降，最后经派出所处理。

问：若遇到这种情况，你会怎么做？

有一位同学对人很热情，朋友也很多，近来他很苦恼，经常有同学请他帮忙，占用了他大量的学习时间，有一次一个同学要演讲，来求他写演讲稿，写吧耽误学习，不写吧对不起朋友。

问：如果你是他，你会怎么做？

一次下课后，特别爱玩的甲同学冲上去抱着乙同学，两人开始摔跤，甲同学把乙同学摔在地上后哈哈大笑，周围同学也都笑了起来，乙从地上爬起来，冲上去把甲搬到在地，甲觉得摔得有点疼，就和乙真的打了起来，结果两人打得满脸是伤。

问：这种情况说明什么交往礼仪？

同学交往三字经：

同学间，要真诚，言行雅，讲礼貌。敏于事，慎于言，不讥讽，不嘲笑。有矛盾，不暴躁，不打架，不争吵。细商量，少计较，重道义，肝胆照。

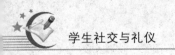

1. 与同学交往的基本原则是什么？

2. 如何将同学介绍给自己的父母？

3. 男女同学交往应注意哪些礼仪？

4. 如何处理好同宿舍同学之间的关系？

5. 与外国学生交往时应注意什么？

第三节　校园公共礼仪

校园环境对同学们有着潜移默化的影响，它应是一个既严肃又亲切，既庄严又活泼，既紧张又文明的地方。为此，学校要建立起一套校园生活礼仪规范。

一、校园不同场合下的公共礼仪

（一）升国旗礼仪

国旗是一个国家的象征，升降国旗是对青少年爱国主义教育的一种方式。无论中小学还是大学，都要定期举行升国旗仪式。为保证升国旗仪式的顺利进行，每位同学都应遵守升旗礼仪，做到以下几点：

1. 准时集合

按照升旗仪式的时间要求准时到达，宁可提前十分钟，也不可迟到一分钟。到场后，应迅速集合好，保持良好的精神面貌，立正站好，不与其他同学勾肩搭背、任意谈笑或相互嬉闹。

2. 遵守升旗规则

升旗时，全体学生应列队整齐排列，面向国旗，肃立致敬。当升国旗、奏国歌时，要立正，脱帽，行注目礼，直至升旗完毕。升旗是一项严肃、庄重的活动，一定要保持安静，庄严肃穆。当五星红旗冉冉升起时，所有在场的人都应停下脚步，抬头注视。

3. 有序退场

升旗仪式结束后，要服从指挥人员安排，按要求退场，切忌一哄而散，争先恐后。

（二）食堂的礼仪

1. 注意使用礼貌的称呼和礼貌的语言。如"师傅""请""麻烦您""谢谢"" 对不起" 等。

2. 自觉按次序买饭，不要拥挤、插队。

3. 不要浪费粮食，随地倒剩菜剩饭。

（三）图书馆、阅览室礼仪

图书馆、阅览室是公共的学习场所，在那里看书特别要讲究文明礼貌。

1. 进入图书馆、阅览室要衣着整洁，不要穿拖鞋背心。进馆要按次序。就座时，移动椅子不要出声。不要为朋友占座。走路时要轻，以免影响他人。阅读时不要发出声音，也不要和熟人交谈。不要利用阅览室休息，睡觉。

2. 查阅图书目录卡的时候，不要把卡片翻乱撕坏，也不应在卡片上涂画。要爱护图书，轻拿，轻翻，轻放。不能因自己需要某些资料而损坏图书，私自剪裁图书是极不道德的行为。对开架书刊应逐册取阅，不要同时占有多份。阅后立即放回原处，以免影响他人阅读。借阅图书应按期归还。

3. 图书馆、阅览室的图书桌椅板凳等属于公共财产的物品，应该注意爱护，不要随意刻画、破坏。

（四）宿舍礼仪

宿舍是学生共同生活的场所，学生有接近 2/3 的时间在宿舍度过。所以，在宿舍里生活得怎样，直接影响同学之间的人际关系以及学生的学习状况。宿舍是学生共同的家，也是反映学生精神文明和礼仪修养的一个窗口，一定要格外重视。要注意如下礼仪：

1. 讲究宿舍内的卫生

整齐洁净的宿舍环境，不仅有利于学生的身体健康，同时也有助于学生养成良好的行为习惯和道德品质。每位学生都应从自己做起，自觉保持宿舍内的清洁，既要搞好个人卫生，又要热心主动搞好室内的清洁工作，经常打扫寝室，包括地面、桌椅、橱柜和门窗等。被褥要折叠得整齐美观，并统一放在一定位置上，衣服、水杯、饭盒、热水瓶等，要统一整齐地放在规定的地方。

2. 去其他宿舍里串门

应在有同学相邀，或在得到该室其他同学允许时，才可以串门。进门后，应主动向其他同学打招呼，并且只能坐在邀你的同学的铺位上，不能随处乱坐。不能乱用别人的物品，不能乱翻动别人的东西。讲话声要轻，时间要短，不能坐太久，以免影响其他同学的正常作息。要选择好时间，不要熄灯后过去。

3. 要相互关心但不要干预别人私事

关心也应有个限度，如果过分热心于别人的私事，也可能会导致侵犯他人的个人权利。不可以私翻私看别人的日记，不应以任何借口去私自翻阅他人物品。集体宿舍人多，信件也多，不可以私拆、私藏别人的信件。不可以打探同学的隐私。有的学生对自己的某种情况，或家中的某件事，不愿告诉别人，也不愿细谈，这属于个人隐私，他人有权保密，理应受到尊重。在集体生活中，每位同学都要尊重别人的隐私权、人格，凡是别人不愿谈的事，不要去打听。严禁吸烟、酗酒、赌博，这是作为学生必须严格遵守的。

4. 遵守作息时间

在学生宿舍里，同学要自觉遵守作息时间，按时起床，按时熄灯就寝，起床、就寝动作要轻，说话声音要小，尽量避免打扰别人。

5. 爱护宿舍公物

爱护宿舍的公共财物及各种用品，不私拉电线，不搭建有安全隐患的架、阁等。主动打开水，搞好宿舍同学之间的关系，互相体谅，严于律己，宽以待人。

（五）爱护公物

爱护公物，是一个具有特殊意义的社会行为规范。一般来说，爱护公物不仅在于取物时，取之有度，而且还在于用之有节、行为有度、自主有制。把善待公物纳入校园礼仪中，旨在希望同学们从小树立善待公物的意识，使之成为个人道德修养和公共道德意识的组成部分。

1. 要爱护学校和班级的一切公共财物，爱护花草树木，不在黑板、墙壁、课桌椅上乱涂乱画、乱抹乱刻，节约用水、用电。

2. 要随时保持校园整洁，不在教室、楼道、操场乱扔纸屑、果皮，不随地吐痰，不乱倒垃圾。

3. 在教室里要随时保持安静、整洁，维护教室良好的学习环境。课间不要追逐打闹，以免教室桌椅歪斜，尘土飞扬，影响同学的学习、休息及身心健康。

4. 课间休息时，在楼道内靠右慢行，不要快速奔跑、猛拐。遇到同学时要慢行礼让。进出校园或其他活动场所时，也要互谦互让，有秩序地进出。无意碰撞或踩到别人，应赔礼道歉。

5. 学生可以骑自行车，但要将自行车放在指定的车棚或地方，不乱扔乱放，不在校内骑车。

二、观看礼仪

（一）演出礼仪

学生在剧场、影院、音乐厅等，应自觉遵守有关礼仪，注意细节。

1. 观看各类演出，应做到仪表整洁得体。

2. 不论陪同领导或贵宾，还是个人观看演出，都应自觉遵守剧场规则。一般由普通观众先入场，嘉宾在开幕前由主人陪同入场，此时，其他观众应有礼貌地起立鼓掌表示欢迎。

3. 观看演出时，应提前入场，不应迟到。如果有事迟到了，最好在幕间休息时间入场。如果是电影，应跟随服务员悄然入场，并尽可能地放轻脚步，通过让座者时应与之正面相对，切勿让自己的臀部正对着他人，同时向打扰到的周围观众轻声致歉，对起身礼让的观众致谢。

4. 入座后，戴帽的应脱帽，不要左右晃动身体，以免影响他人的视线，同时，也不应该把身旁的两个扶手都占用了，因为你身边的人也有权使用扶手。

5. 在演出进行中，不可抽烟，不可随地吐痰、乱扔果皮杂物；吃东西时，应尽量不发出声音；携带手机的应将其关闭或调成静音；如有规定不能摄影，则应按规定行事。

6. 当演出到精彩之处时，可以通过鼓掌、喝彩等形式向演员表示敬意。但应注意，把握好分寸，不宜用吹口哨、怪叫、踩脚等方式宣泄情感。若演出中出现一些故障或特殊情况，应采取谅解的态度，不应喧哗、怪叫、喝倒彩。

7. 演出未结束，若有急事需中途退场，应轻声离座，并尽可能地利用幕间退出。否则既影响别人观赏，也是对演员的不尊重。演出快结束时，不能抢先出场而离座，应在演出结束后退场。

8. 给演员献花，应选择适当的机会，一般在演出结束或演员谢幕时为

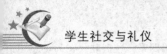

好。请自己喜爱的演员签名，也应分场合和情况，缠住演员不放是很失礼的行为。

9. 演出结束后，观众应起立向演员热烈鼓掌，对他们的劳动和精彩演出表示感谢。在演员谢幕前便匆忙离去是对演员的不礼貌行为。如有贵宾在场，一般应待贵宾退席后再有秩序地离开。

（二）体育比赛礼仪

学生不论在参加体育比赛，还是观看体育比赛时，都应自觉遵守赛场秩序，遵守有关礼仪，注意细节。

1. 参赛者

参赛者应严格遵守体育比赛的有关规定，自觉遵守赛场秩序，不允许冒名顶替，弄虚作假。应自觉尊重裁判、服从裁判，即使裁判有误，也应按有关规定和程序进行反映，不应在赛场大喊大叫，发生争吵。应充分把对手当成朋友。还应善待热心观众，支持记者工作。

2. 观众

（1）提前入场，到场后尽快到观众席。

（2）观看时不要大声喧哗，高声喊叫。

（3）观看比赛应对比赛双方一视同仁，持公正态度。

（4）礼貌地对待运动员比赛。对其偶尔的失误应理解、鼓励，不可当场出口不逊、扔物品。

（5）要支持裁判员的工作。瞬息万变的体育竞技，难免出现判断失误，不应对裁判起哄、无礼。

（6）要维护场内的公共卫生。

（7）退场时不要拥挤。

3. 禁忌

袒胸露背，赤膊上阵。对运动员在比赛中的一些失误，言行粗鲁，喝倒彩或发出"喔"声。偏袒起哄。对对方运动员和啦啦队使用不文明的语言和手势，甚至向运动员投掷物品或呼喊起哄。

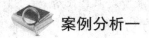 案例分析一

请珍爱校园的公共财物

有珍爱之心是最起码的爱护公共财物的表现。不管身在哪里，同学们都要严格要求自己，即使周围有破坏公共财物的行为，也不要盲目模仿，而要坚持正确的行为。比如，有的同学放学下楼的时候，不从楼梯走下来，而是从楼梯扶手上滑下来，这样做既危险又对公共财物有损害。可是，你的同学都在这么做，而且玩得不亦乐乎，还邀请你也一起玩。你是随从他们呢，还是坚持爱护公共财物呢？这时，坚持正确行为最重要。有的同学拿灭火器当玩具，放掉灭火器中的溶液，这种行为不仅是毁坏公物，而且会给学校带来极大的安全隐患，见到这一行为应坚决制止。

 案例分析

有一句诗说："一枝独秀不是春，万紫千红春满园。"我们可以把句子里面的"春"比喻为美好的社会。要建立美好的社会，仅靠一个人的力量是不够的，需要人人都有良好的行为。可是，现实生活中难免有一些人，会做出有损公共财物的行为，我们可以适时地帮助和提醒这些人，共同维护美好的家园。不但自己要保护公共财物，还要劝导自己的好朋友和同学爱护公物，这样大家都提高认识，行为也就文明了。

做力所能及的事情。如果发现公共财物被损坏了，为了美观和便利，我们可以做一些力所能及的事情。比如洁白的墙壁、平整的桌面因遭到乱涂乱画而不堪入目，我们可以拿起抹布擦洗干净；如果桌椅上螺丝松动了，我们可以拿工具拧一拧；校园的花草被践踏了，我们可以扶一扶；教室里的门窗有损坏的，我们可以想办法修一修。

 案例分析二

向校园浪费现象说不

随着经济的飞速发展，物资不断丰富，一股奢侈之风正悄然地延伸到校

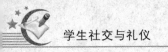

园中来。如果仔细留意身边，我们会吃惊地发现，校园浪费现象比比皆是。

在食堂里，每日三餐后饭桌上被学生们扔掉的有白花花的米饭，有咬了几口的大白馒头或包子，还有绿油油的蔬菜，甚至香酥排骨也难逃被扔的厄运。负责食堂卫生的职工忙碌着收拾残羹冷炙，这些不久前还是香喷喷的饭菜转眼被收拾进了垃圾桶。而如今剩饭剩菜的"含金量"越来越高了，看着大鱼大肉漂在桶里，实在令人感到可惜。一次老师眼见身边的一个女生拣出菜里的肉片扔在桌上，原因只是她"在减肥"。许多同学吃饭时将不喜欢吃的菜或吃不了的饭菜倒掉。俗语说得好"一粥一饭，当思来之不易；半丝半缕，恒念物力维艰。"我们应该痛心反省一下我们从小培养的节约意识哪里去了。

不仅如此，校园中的浪费现象随处可见。偌大的教室空无一人，一盏盏日光灯依旧长明，很少有人想过作为最后一个离开教室的，应主动把灯关掉；洗漱间里的水龙头永远都会发出滴答声，很少有人在离去时意识到没关好水龙头。也许，有些学生说我不知道没水没电什么滋味，从小到大都是生活在水电充足的环境里；还有学生说，不在乎我浪费的这一点；甚至更有人说，我掏了学费，我有权做这一切……

一位常年在校门外修鞋的师傅说，现在的学生和以前大不一样了，他在这里修鞋已经好多年了，看到一届届学生来了又走了，但如今的学生很少像以前那样，拿着鞋或包来修理。他们的鞋只要有一丁点破损，就马上扔掉，背包也一样，只要稍一旧或拉链坏了，这个包也就完成它的使命，成了废物。

 案例分析

勤俭节约，秉承着中华几千载的文化渊源，是中华民族的一大传统美德。但是，随着经济的飞速发展，物资不断丰富，一股奢侈之风正悄然地延伸到校园中来。物力、人力和空间的不必要浪费，给学校的文化建设带来很大的负面影响，也从侧面反映出学生在自身素质培养方面存在的缺陷与不足。

而作为将要跨入社会的学生，要从根本上建立节约意识，从一粒米、一张纸、一节电池做起，从身边的点点滴滴做起，将勤俭节约的美德渗透到我们日常的学习、生活中来，从小做起，从我做起，向校园浪费现象说不！

活动与探究

　　电影开始前，大家就座了。忽然后面有个女人说："哇，好像不戴3D眼镜看起来一样嘛！3D眼镜好像没什么用嘛！"声音还很大，很聒噪。电影开始了好久之后，终于因为剧情吸引人而安静下来。

　　接着，中间有人的手机在不停地响，然后很招摇的接手机，周围几排的人都能听见他们在聊的事情。

　　电影终于快结束了。大家也开始骚动起来，都等不及电影结束再发表自己的感想。

　　请分析案例中哪些行为有失公共礼仪。

　　每周的周一都是学校升国旗的日子。这个星期轮到小李做升旗手，他心里特别紧张，从上周开始他就练习了许多次。总算到了升旗的日子，开始时进行得很顺利，当国歌响起，小李小心地随着节拍将国旗缓缓拉起。突然，旗杆顶端的滑轮发出刺耳的声音，手里的绳子拉不动了，小李一下慌了神，怎么回事？对了，昨天刚下过雨，滑轮肯定是生锈了。小李使劲拉着绳子，还好国旗又缓缓地向上升，但是国歌马上就要奏完了，国旗还离杆顶有段距离。小李使出全身力气，使劲一拉，只见国旗"呼"地一下升到顶端，并发出"哐"的一声。老师和同学们都愣住了，接着下面的同学发出哈哈大笑声。

　　问：1. 小李应该在升旗前做好什么准备工作？

　　2. 发生了这样的突发事情，你会怎样处理？

　　3. 升国旗的礼仪是怎样的？同学们有没有过错，为什么？

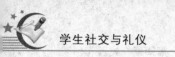

第五章

社交礼仪

◎**教学目标：**

1. 知识目标：让学生掌握社交礼仪中见面、宴请、公共场所中的基本礼仪规范。

2. 技能目标：让学生在人际交往中熟练掌握握手、名片、称呼等礼仪的基本运用。

3. 情感目标：培养学生良好的社交礼仪，学会用尊重、亲善和友好的方式与他人交往，增进人与人之间的感情。

第一节　见面礼仪

一、握手

握手是人们交往过程中最为常见、使用范围十分广泛的见面礼，是一个使用最频繁的传达情意的形式，可以表示欢迎、友好、祝贺、感谢、敬重、道歉、慰问、惜别等各种情感。运用好握手礼仪，对于我们的社交活动和商务交往有着重要的意义。

（一）握手的场合

在当今社会交往中，握手的场合非常多，握手所表达的含义也非常丰富。

1. 介绍认识

当双方被介绍认识时，通常用握手礼来互相致意。

2. 重逢

熟人、朋友在好久不见重逢时，通常会一边握手一边问候。

3. 迎接、告别

在比较正式的场合与认识的人道别，或作为主人，迎接或送别来访者时。

4. 祝贺、感谢、慰问

当需要向对方表示祝贺、感谢和慰问时，也可以用握手来致意。有些特殊场合，如双方交谈中出现了令人满意的共同点；别人给予你一定的支持、鼓励或帮助时；对别人表示理解、支持、肯定时；向别人赠送礼品或颁发奖品时；得知别人患病、失恋、失业或遭受其他挫折时也可使用握手礼。

5. 道歉、和解

表达对对方的歉意。当双方的谈判和争论达成统一或和解时，双方原来的矛盾出现了某种良好的转机或彻底和解时，习惯上也以握手为礼。

（二）握手的顺序

在握手时，双方握手的先后顺序很有讲究。一般情况下，讲究的是"尊者居前"，即通常应由握手双方之中身份较高的一方首先伸出手来，反之则是失礼的。

1. 女士与男士

女士同男士握手时，应由女士首先伸手；如女方无握手之意，男方可点头或鞠躬致意；如男方为长者，应以长者为先。

2. 长辈与晚辈

长辈与晚辈之间，长辈伸手后，晚辈才能伸手相握。

3. 上级与下级

上级与下级之间应是前者先伸手，后者先问候，待前者伸手后，后者才能伸手相握。

4. 主人与客人

宾主之间的握手则较为特殊。正确的做法是客人抵达时，应由主人首先伸手，以示欢迎之意；客人告辞时，则应由客人首先伸手，以示主人可就此留步。如果次序颠倒，很容易让人产生误解。

5. 一人与多人

在正规场合，当一个人有必要与多人一一握手时，既可以由"尊"而"卑"地依次进行，也可以由近而远地逐次进行。

（三）握手的礼仪

作为一种常规礼节，握手的礼仪颇有讲究。恰当的握手，既可以向对方表现自己的真诚与自信，同时也是接受别人和赢得信任的契机。

1. 神态

与他人握手时，神态应当专注、认真、友好。在正常情况下，握手时应目视对方双眼，面带微笑，上身稍向前倾，头微低，同时问候对方。

2. 姿势

与人握手时，一般均应起身站立，迎向对方，在距其约1米左右，略向前下方伸出右手，四指自然并拢并微微内曲，拇指与四指分开，握住对方的右手手掌，稍许上下晃动一两下。

3. 力度

握手的时候，手指稍用力握对方手掌，用力既不可过轻，也不可过重。若用力过轻，有怠慢对方之嫌；不看对象而用力过重，则会使对方难以接受而生反感。男性与女性握手时，只需轻轻握一下女性的四指即可。异性握手一般不用双手。

4. 时间

握手时相握时间的长短可因人因地因情而异，握的太长会使人感到局促不安，太短则表达不出应有的情感，有敷衍之嫌。初次见面时握手以3秒钟左右为宜。多人相聚，不宜只与某一人长时间握手，以免冷落其他人，引起误会。

 **精品阅读**

握手所传达的态度

握手不仅是传情达意、联络沟通的手段，同时从握手的姿势中可以反映双方的性格特点和心态。美国著名盲女作家海伦·凯勒说："我接触过的手，虽然无言，却极有表现性。有的人握手能拒人千里——我握着他们冷冰冰的指尖，就像和凛冽的北风握手一样，而有些人的手却充满阳光，他们握住你的手，使你感到温暖。"虽然握手的姿势千差万别，但可归纳为支配型、顺从型、平等型三种基本态度。其中，平等型表达的是我喜欢你，我们可以相处得很好；而支配型的人握手时，支配欲和垄断欲很强，认为自己高人一等，会将手掌心向下行握手礼。顺从型的人恰好与此相反，他们握手时手心朝上，此类人处世比较民主、谦和，平易近人，敬仰对方。

（四）握手的禁忌

在正式场合与他人握手时，如果疏忽一些禁忌，会造成不必要的误会和麻烦，应当尽量避免。

1. 用左手

握手宜用右手，用左手普遍被认为是失礼之举。尤其是在和阿拉伯人、印度人打交道时要牢记，因为在他们看来左手是不洁的。

2. 戴手套

握手前务必要脱下手套。只有女士在社交场合戴着薄纱手套与人握手，才是被允许的。在握手时另外一只手不要插在衣袋里或拿着东西。

3. 戴墨镜

在握手时一定要提前摘下墨镜，不然易有防人之嫌。

4. 用双手

只有在熟人之间，才适宜用双手与人相握。与初识之人握手，尤其当对方是一位异性时，两手紧握对方的一只手是不妥当的。

5. 手脏

在一般情况下，用以与人相握的手理应干干净净。以脏手、病手与人相握，都是不应当的。在任何情况下拒绝对方主动要求握手的举动都是无礼的。

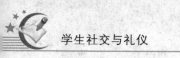

但手上有水或不干净时，应谢绝握手，同时必须解释并致歉。

6. 交叉握手

多人相见时，不要交叉握手，也就是当两人握手时，第三者不要把胳膊从上面架过去，急着和另外的人握手。

7. 疏远

握手时不要紧紧握住对方的手指尖，面无表情，目光游离，好像有意与对方保持距离。

8. 过分热情

握手时不要把对方的手拉过来、推过去，或者上下左右抖个没完；不要长篇大论、点头哈腰，过分客套。

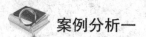 案例分析一

握手的细节

小李大学毕业应聘到一家物流公司工作。一段时间下来，小李虽然很努力，但是工作效果却不理想，一个客户也没谈成。一天，经理将小李叫到办公室，说客户对小李提出了投诉，原因是态度不好。

小李吓了一跳，一边矢口否认一边觉得很委屈。原来自从开始工作，小李每次与客户握手时，只是象征性地轻轻握一下，并且在握手时眼睛还看着其他地方——就是这个细节让客户很不开心。因为在客户看来，这样握手说明对方对自己很不重视，或者很有意见，生意自然谈不拢了。

分析：小李在握手中有哪些错误的做法？

二、名片

名片是日常生活中人们用来表明自己身份的卡片，一般写有姓名、工作单位、职位、联系方式等，多用于工作场合，是现代人使用最频繁、最广泛、也是最方便的社会交往工具。

（一）名片的用途

对现代人而言，名片是一种物有所值的实用型交际工具，是公务、交友的小助手。在人际交往中，名片的用途主要有以下几类：

1. 自我介绍；2. 结交朋友；3. 维持关系；4. 业务介绍；5. 通知变更；6. 拜会他人；7. 简短留言；8. 用做礼单；9. 替人介绍。

（二）名片的交换

恰当地携带、递交、接受名片，有助于更好地宣传自我，结交朋友，积累人脉。一个小小的动作，就能发挥社交的大作用。

1. 携带名片

（1）足量使用：携带的名片数量要充足，确保够用。交换名片时如果名片用完，可用干净的纸代替，写上个人资料。

（2）完好无损：名片要保持干净整洁，切不可出现折旧、破烂、涂改的情况。破旧名片应尽早丢弃，与其发送一张脏污的名片，不如不送。

（3）放置妥当：名片应统一置于名片夹，公文包或上衣口袋内，在办公室时还可放于办公桌上。放置名片的位置要固定，以免需要时东找西寻，显得毫无准备。切不可放在钱包和裤袋内，也不要把自己的名片和他人的名片或其他杂物混在一起，以免用时手忙脚乱或掏错名片。

2. 递送名片

（1）意愿：名片要在交往双方均有结识对方并欲建立联系意愿的前提下发送。这种愿望往往会通过"幸会""很高兴认识你"等语言以及表情、体姿等非语言符号体现出来。如果双方或一方并没有这种愿望，则不必发送名片，否则会有故意炫耀，强加于人之嫌。

（2）时机：递送名片要掌握时机，只有在确有必要时，才会令名片发挥功效。一般应选择初时之际或分别之时，不宜过早或过迟。如果自己即将发表意见，则在说话之前发名片给周围的人，可帮助他人更好的认识你。不要在会议、用餐之时递送名片，也不要在大庭广众之下向多位陌生人递送名片。因为这种热情一方面会打扰别人，另一方面有推销自己之嫌。

（3）动作：递送名片要用双手，上体前倾15度左右，用双手拇指和食指拿住名片两角，让文字正面朝向对方，递送时，目光注视对方，微笑致意，可顺带"请多多关照""欢迎前来拜访"等礼节性用语。递送名片的整个过程应当谦逊有礼，落落大方。

（4）顺序：双方交换名片时，应当首先由低者向高者发送名片，再由后者回复前者。但在多人之间递交名片时，不宜以职务高低决定发送顺序，切

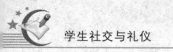

勿跳跃式进行发送，甚至遗漏其中某些人。递送名片的最佳方式是由近而远、按顺时针或逆时针方向依次发送。

3. 接受名片

（1）动作

接名片时要立刻起身或欠身，面带微笑，用双手的拇指和食指接住名片的下方两角，口称"谢谢"或"十分荣幸"。名片接到手中后，应认真看一遍，遇有显示对方荣耀的职务、头衔不妨轻读出声，以示尊重和敬佩。若对方名片上的内容有所不明，可当场请教对方。

（2）放置

接到对方的名片后，如果接下来与对方谈话，不要将名片收起来，应该放在桌子上，并保证不被其他东西压起来，使对方感觉到你对他的重视。

接到他人名片后，切勿将其随意乱丢乱放，乱揉乱折，而应将其谨慎地置于名片夹、公文包、办公桌或上衣口袋内，且应与本人名片区别放置。

接受了他人的名片后，一般应当即刻回送自己的名片。没有名片，名片用完或者忘带名片时，应向对方做出合理解释并致以歉意，切莫毫无反应。

4. 索要名片

（1）互换法

互换法即以名片换名片。在主动递上自己的名片后，对方按常理会回送一张他的名片，如果担心对方不回送，可在递上名片时明言此意："能否有幸与您交换一下名片？"

（2）暗示法

暗示法即用含蓄的语言暗示对方。例如，向尊长索要名片时可说："请问今后如何向您请教？"向平辈表达此意时可说："请问今后怎样与你联络？"

5. 其他

他人索要名片，不宜拒绝。如确有必要这么做，则需注意分寸，在措辞上一定注意不要伤害对方。可以说"对不起，名片刚用完"或者"不好意思，我忘记带名片"。

（三）名片的管理

要认真对待收到的名片，对名片进行有效管理，充分发挥其使用价值。

1. 记录

与对在不同场合交换名片时，注意记忆与对方会面的日期、场所、天气、见面地点、谈话主题以及对方生日、所在单位等信息。交际活动结束后，应回忆刚刚认识的重要人物，记住他的姓名、企业、职务、行业等，并可在名片的背面写下备注。第二天或第三天后，主动打个电话或发个电子邮件，向对方表示结识的高兴，或者适当地赞美对方的某个方面，或者回忆你们愉快的聚会细节，让对方加深对你的印象和了解。

2. 分类

名片可按照自己的习惯分类，方便翻阅和查找。可以按地域分类，如省份、城市等；可以按人脉资源的性质分类，如同学、客户、专家等；还可以按业务内容、交往范围、姓氏笔画或是行业等分类。

3. 整理

将名片放置在名片夹里。养成经常翻看名片的习惯，在节日、对方生日等特殊时刻，给对方打一个问候的电话，发一个祝福的短信等，让对方感受到你的存在和对他的关心与尊重。

三、称谓

人际交往，礼貌为先。与人交谈，称呼在前。称呼虽只是一个人的符号，却代表着一个人的地位和尊严。在人际交往中，选择正确、恰当的称呼，反映着自己的教养和对对方尊敬的程度，甚至还体现着与对方关系发展所到达的程度和社会的风尚。正确、恰当运用称呼，还可以使双方的交往更加融洽，沟通更顺利，情感更接近。

选择称谓要合乎常规，要照顾被称呼者的个人习惯，入乡随俗。

（一）在不同场合上，人们彼此之间的称谓要庄重、正式、规范。

1. 亲属称谓

自古以来，我国在使用亲属称谓上十分重视和讲究。

2. 社会称谓

（1）职务称呼

以交往对象的职务相称，以示身份有别、敬意有加，这是一种最常见的称呼。这种称呼有三种情况：称职务、在职务前加上姓氏、在职务前加上姓名，如李院长、郭经理。

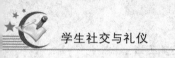

（2）职称称呼

对于具有职称者，尤其是具有高级、中级职称者，在工作中直接以其职称相称。称职称也有 3 种情况：只称职称、在职称前加上姓氏或姓名，如唐教授、孙研究员。

（3）行业称呼

对于从事某些特定行业的人，可直接称呼对方的职业，如老师、医生、会计、律师等，也可以在职业前加上姓氏、姓名，如张大夫、韩老师。

（4）性别称呼

对于从事商界、服务性行业的人，一般约定俗成地按性别的不同分别称呼"小姐""女士"或"先生"，"小姐"是称呼未婚女性，"女士"是称呼已婚女性。

（5）姓名称呼

在工作岗位上称呼姓名，一般限于同事、熟人之间。一般有三种情况：可以直呼其名；只呼其姓，要在姓前加上"老、大、小"等前缀；只称其名，通常限于同性之间，尤其是上司称呼下级、长辈称呼晚辈，在亲友、同学、邻里之间，也可以使用这种称呼。

（二）称呼中的注意事项

1. 注意顺序

如果是在众人交谈的场合，要注意称呼的顺序。一般是先长后幼、先上后下、先女后男、先疏后亲。

2. 区别对象

"师傅""同志"是我国常用的礼貌称呼，但如果不注意使用对象就会适得其反。例如，在学校里称老师为"师傅"，称外国友人为"同志"，都会让人啼笑皆非。

3. 文化差异

有些称呼，因其地域、文化而产生的差异，比如山东人喜欢称呼"伙计"，但南方人听来"伙计"肯定是"打工仔"。我国称年长者为"老"，是对长者的尊重，但是西方国家忌讳别人称自己"老"。中国人经常把配偶称为"爱人"，但在英文里"爱人"是情人、"第三者"的意思，容易被人误解。

4. 错误称谓

误读或是误会，都会导致称谓错误。直呼其名、使用低级庸俗的称号、外号，都是错误、不礼貌、不可取的行为。

 案例分析

2000 年 4 月，新城举行春季商品交易会，各方厂家云集，企业家们济济一堂，华新公司的徐总经理在交易会上听说衡诚集团的崔董事长也来了，想利用这个机会认识这位素未谋面又久仰大名的商界名人。午餐会上他们终于见面了，徐总彬彬有礼地走上前去，"崔董事长，您好，我是华新公司的总经理，我叫徐刚，这是我的名片。"说着，便从随身带的公文包里拿出名片，递给了对方。崔董事长显然还沉浸在与之前人的谈话中，他顺手接过徐刚的名片，"你好"，草草地看过，放在了一边的桌子上。徐总在一旁等了一会儿，并未见崔董事长有交换名片的意思，便失望地走开了……

结合名片礼仪知识谈谈这位崔董事长的失礼之处。

 **活动与探究**

五里与无理

一位年轻人去青海湖风景区旅游。那天天气炎热，他口干舌燥，筋疲力尽，不知距目的地还有多远，举目四望，不见一人，正失望时，远处走来一位老者，年轻人大喜，张口就问，"喂，离青海湖还有多远呀？"老者目不斜视地回了两个字："无理"。年轻人精神倍增，快速向前走去。他走呀走，走了好几个五里，青海湖还是不见踪迹，他恼怒地骂起了老者。

1. 分析案例中为什么老者没有告诉问路人正确信息，问路人在礼仪上有哪些不足？

2. 与同学一起进行握手与交换名片的情景练习。

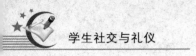

第二节　宴请礼仪

◎ **名言警句：**

你在品味食物，别人在品味你。

——【加拿大】　英格丽张

宴请是一种常见的社交活动。一般情况下，举办宴请和参加宴请活动都是以交际为目的的，宴请是增进友谊、融洽气氛、沟通交流的重要手段。宴请的形式多样，内容丰富，掌握其礼仪是十分重要的。

一、宴请的形式

宴请是交往中最常见的交际活动之一。各国和各地宴请都有自己国家或民族的特点与习惯。国际上通用的宴请形式有宴会、招待会、茶会、工作餐等，每种宴请都有特定的规格和要求。举办宴请活动采用何种形式，通常根据活动方、邀请对象以及经费开支等各种因素而定。

二、宴请的礼仪

以宴请的方式来款待宾客，是交往中的一项经常性活动。成功的宴请体现主人的诚意与修养，成功的宴请更需要成功的组织。礼节在宴请中占据着举足轻重的地位。

（一）制定宴请计划

（二）邀请宴请嘉宾

 精品阅读

请柬格式规范

1. 普通请柬

谨订于 XXX 年 X 月 X 日（星期 X）晚 X 时在 XX 饭店举行宴会。

敬请光临

电话：XXXXXXX（主人姓名）

2. 英文请柬

Mr. Li Hua requests the pleasure of the company of miss Jin Ling at a tea party in Qilin Restaurant on Wednesday September 9th, 2010form20：00 to 21：00.

李华先生定于 2016 年 9 月 9 日（星期三）晚 8 时至 9 时在麒麟餐厅举行茶会，敬请金玲小姐光临。

（三）宴会场地布置

1. 订菜
2. 现场布置
3. 席位安排

 精品阅读

正式宴会的座次安排

国际上的习惯，桌次高低以位置远近而定，右高左低。桌数较多时，要摆桌次牌。同一桌上，席位高低以离主人的座位远近而定。外国习惯男女穿插安排，以女主人为准，主宾在女主人右上方，主宾夫人在男主人右上方。我国习惯按各人职务排列便于谈话，如夫人出席，通常把女方排在一起，即主宾坐男主人右上方，其夫人座女主人右上方。两桌以上的宴会，其他各桌第一主人的位置可以与主桌主人位置同向，也可以以面对主桌的位置为主位。

礼宾次序是排列席位的主要依据。在排席位之前，要落实出席的主、客双方出席名单，分别按礼宾次序排列出来。除了礼宾顺序之外，在具体安排

111

席位时，还需要考虑其他因素，例如，身份大体相同，使用同一语言者，或属同一专业者，可以排在一起。以上是国际上安排席位的一些常规，遇特殊情况，灵活处理。如遇主宾身份高于主人，可按常规安排，也可以把主宾摆在主人的位置上，表示对主宾的尊重而主人则坐在主宾的位置上，第二主人坐在主宾的左侧，也可按常规安排。如果本国出席人员的身份高于主人者，譬如部长请客，总理或副总理出席，可以由身份高者坐主位。如主宾带夫人一同出席，而主人的夫人又不能出席，通常将主宾夫人安排在主人的左右两侧。

席位安排好后即可着手写座位卡。一般情况下，我方举行的宴会，中文写在上面，外文写在下面。卡片要求用钢笔或毛笔书写，字应尽量写得大些，便于辨认。

（四）宴请接待礼仪

莎士比亚说"在宴会上最令人开胃的就是主人的礼节"。作为主人，也是宴会的举办者，一举一动都会受到大家的关注。温馨的话语、恰当的动作、舒适的接待，都会让宾客感受到温馨和愉悦。

1. 宴请前的迎宾

宴会开始之前，主人应在门口迎候来宾，客人抵达后，宾主相互握手问候，随即由工作人员将客人引领至休息厅内小憩。在休息厅内应由相应身份者照应客人，并以饮料待客。主宾到达后，主人应陪同进入休息厅与其他客人会面。当主人陪同主宾进入宴会厅后，全体人员方可入座，此时宴会即可开始。

2. 宴请中的礼仪

宴会中，各国安排正式讲话的时间不尽一致。一般正式宴会可在热菜之后甜食之前由主人讲话，接着由客人讲话，也有一入席双方即发表讲话的。冷餐会和酒会的讲话时间则更灵活。宴会尾声，吃完水果，主人与主宾起立，宴会即告结束。

3. 宴请送别礼仪

宴请结束，主宾告辞时，主人送至门口；主宾离去后，原迎宾人员顺序排列，与其他客人握别。

三、赴宴的礼仪

（一）宴会前的准备

赴宴前充分而恰当的准备，从应邀到备礼再到出席，都会助你成为餐桌上的儒雅绅士和气质美人，也会让你成为受欢迎的客人。

（二）赴宴礼仪

一次宴请，有时候可以改变人的一生；一次筵席，甚至可以影响职业生涯的成败。如果将事业看作是一次盛宴，那么，掌握其中的玄机，就要从掌握餐桌的礼仪开始。

1. 到达

出席宴请活动，抵达时间的迟早、逗留时间的长短在一定程度上反映着对主人的尊重。过早、过迟、逗留时间过短，不仅是对主人的失礼，也有损自己的形象。按时出席宴请是最基本的礼貌。

抵达后，应先到衣帽间脱下大衣和帽子，然后前往主人迎宾处，主动向主人问好，并对在场的其他人微笑点头致意。如是节庆活动，将事先备好的礼物双手赠送给主人。

2. 入席

入座应听从安排，不可随意乱坐，最好能在进入宴会厅之前先了解自己的座位，只有当主人或上司入座后，你才能从椅子左方入座。入座时应先注意一下座位卡上是否写着自己的名字，不要坐错位子，如邻座是年长者或妇女，应主动协助他们先入座。入座时，切记要用手把椅子拉后一些再坐下，用脚把椅子推开会有失你的儒雅绅士风度。

入座后不要东张西望，也不要坐在那儿发呆，或是摆弄餐具餐巾，而应该坐得端正，双腿靠拢，两脚平放在地上，把双手放在自己的腿上，神态自如、风度优雅的和邻座的上司或客人轻声谈几句，或神态安详地倾听别人的谈话。

3. 就餐

祝酒词完毕经主人招呼后，即可开始就餐。

（1）举止

就餐时应有愉快的表情，心事重重的神态、漫不经心的样子都是对主人和其他宾客的不礼貌行为。即使菜品不对口味，也应该吃上一些，而不是皱眉拒绝。席间不要吸烟，一般在宴会尚未结束前吸烟是失礼的，尤其是有女士在场的场合。离席时动作要轻，不要惊扰他人，更不要把座椅、餐具等物碰倒。不要对着餐桌打电话，如必须要打，则要离开餐桌。

（2）交谈

无论作为主人、陪客或宾客，都应与同桌的人交谈，特别是左右邻座，不要只同几个熟人或一两人说话。邻座如不相识，可先自我介绍。

进餐时要注意讲话分寸，要谈一些大家感兴趣的事情，不可夸夸其谈，最好不谈工作、政治和健康问题。在与女性谈话时，一般不询问年龄、婚否等问题，也不要议论妇女的胖瘦、身形等，与较陌生的男性谈话时不要直接询问对方的经历、工资收入、家庭财产、衣饰价格等私人生活方面的问题。

（3）祝酒

主人向客人敬酒时，客人应起立回敬。当主人给客人斟酒时，有酒量的也要谦让一下，不要饮酒过量，导致酒后失态；如不善饮酒可向主人说明，或喝一小口，表示对主人的敬意。无论主人还是客人，都不应强劝别人喝酒。宴会上可相互敬酒表示友好，活跃气氛，但切忌喝酒过量，否则容易失言，甚至失态。

（4）用餐

要注意吃相温文尔雅，从容安静，必须小口进食，不要大口的塞，食物咽下之前不要再塞其他食物入口。切忌闭嘴咀嚼，不要发出"啪嗒啪嗒"的咀嚼声。如果汤、菜太热时，不要用嘴去吹，稍凉后再吃。口内有食物，或他人在咀嚼食物时，均应避免跟人说话或敬酒。

 **精品阅读**

注意餐巾的正确用法

当主人示意用餐开始后，将餐巾打开或对折平摊在自己的腿上。用餐过程中如需离开，要将餐巾放在椅子上，用餐完毕方可将餐巾放在桌面上。

餐巾的基本用途是保洁，主要防止弄脏衣服，兼可擦嘴角及手上的油渍。切忌用餐巾擦拭餐具、皮鞋、眼镜，或用来擦鼻涕、抹汗等。

（5）告辞

主人宣布宴会结束后，客人才能离席。客人向主人道谢、告别，感谢主人的热情款待，如"谢谢您的款待"，"您真是太好客了"，"菜肴丰富极了"，并与其他认识的客人道别。如果客人有事需要提前离席，则应向主人及同桌的客人致歉。

四、中餐礼仪

中华饮食文化内涵丰富，源远流长。随着中西饮食文化的不断交流，中餐越来越受到外国人的青睐。而这种看似最平常不过的中餐用餐礼仪却是有一番讲究的。

（一）中餐组织安排

1. 中餐宴会的席位排列

这关系到来宾的身份和主人给予对方的礼遇，所以是一项重要的内容，可以分为桌次和位次排列两方面。

（1）桌次排列

第一种情况，是由两桌组成的小型宴请。第二种情况，是由三桌或三桌以上的桌数组成的宴请。在安排桌次时，所用餐桌的大小、形状要基本一致。除主桌外，都不要过大或过小。

（2）位次排列

举办中餐宴会一般用圆桌。宴请时，每张餐桌的具体位次也有主次尊卑的分别。

位次排序的原则有：

一是右高左低原则。即以该桌主人面向为准，右为尊，左为卑。

二是中座为尊原则。

三是面门为上原则。根据离该桌主人的远近而定，以近为上，以远为下。

四是特殊原则。

（二）中餐上菜顺序与用餐方式

中餐一般讲究先凉后热，现炒后烧，咸鲜清淡的先上，甜的、味浓味厚的后上，最后是主食。当冷盘吃剩 1/3 时，开始上第一道热菜，一般每桌要安排 10 个热菜。宴会上无论桌数有多少，每个桌都要同时上菜。有规格的宴席，热菜中的主菜——如燕窝席里的燕窝、海参宴里的海参、鱼翅宴里的鱼翅等应该先上，即所谓最贵的热菜先上。上菜时，如果服务员给每个人上菜，要按照先宾后主、先女士后男士的顺序或按照顺时针方向依次进行。如果由个人取菜，则每道热菜应放在主宾面前，由主宾开始按顺时针方向依次取食，切不可迫不及待地越位取菜。

 **精品阅读**

中餐上菜顺序

茶：视情况而定，不是必需的。

凉菜：冷品，花拼。

热炒：视规模选用滑炒、软炒、干炸、爆、烩、烧、扒等组合。

大菜：指整只、整块、整条的高贵菜肴，如一头乳猪，一只全羊，一块大鹿肉等。

甜菜：包括甜汤，如冰糖莲子、银耳甜汤等。

点心（饭）：糕、饼、团、粉，各种面、包子、饺子等。

水果：果盘等。

（三）中餐礼仪注意事项

中国人热情好客，很讲究餐饮礼仪。中餐是具有浓郁中国传统民族风格的餐会，应严格遵守中国人的饮食习惯和礼仪规范。

1. 中餐餐具使用时的注意事项

（1）筷子

一是不要去舔筷子上的残留食物。二是不能一边说话，一边像指挥棒似的舞动筷子。三是用餐时不要将筷子竖插放在食物上面，通常只有在祭奠时这样摆放筷子。四是要严格界定筷子的职能。筷子是用来夹取事物的，而不要用来剔牙、挠痒或取其他物品的。

（2）勺子

勺子的主要作用是舀取菜肴、食物或是辅助筷子取菜。为避免食物溢出弄脏餐桌或自己的衣服，取食物时不要太满。舀取食物后，应在原处"暂停"片刻。待汤汁不会再往下流时，再移回来享用。

（3）盘子

盘子（其中稍小点就是碟子）的主要功能是用来盛放食物。用食碟时，不要一次取过多的菜肴，也不要把多种菜肴堆放在一起，因为那样会显得繁乱不堪和没有礼貌。残渣、骨、刺等要用筷子夹放到碟子的前端，不要直接吐在地上、桌上。

（4）水杯

水杯不是用来盛酒的，而是用来盛放清水、汽水、果汁、可乐等饮品的。

（5）餐巾

在比较正式的中餐用餐前，会为每位用餐者准备一块湿毛巾，它是用来擦手的，用完后请放回盘子等待服务员拿走。有时候，在正式宴会结束前，会再上一块湿毛巾。和前者不同的是，它不是用来擦手的，而只能用来擦嘴。

（6）牙签

尽量不要当众剔牙。非剔牙不行时，要用另一只手掩住口部，剔出来的东西，不要随手乱弹，随口乱吐，也不要当众观赏或再次入口。不要长时间叼着牙签，更不要用牙签来扎取食物。

2. 中餐礼仪

①入席：按照主人安排就座，若旁边有女宾或者长者，应帮助他（她）先就座，自己再坐下。

②注意传统习惯和寓意：如渔家、海员吃饭时，忌讳把鱼翻身，因为那样有"翻船"的意思。

③主人祝酒、致辞时不要吃东西，也不要取食物，应停止交谈，用心倾听。

④用餐时坐姿要端正，肘部不要放在桌沿上；餐巾可用来擦嘴但不能用来擦汗或鼻涕。

⑤用餐时不要摇头晃脑、宽衣解带、声响大作。

⑥用餐期间，不要敲敲打打、比比画画，不要当众补妆。

五、西餐礼仪

西餐菜肴主料突出、营养丰富、讲究色彩，其烹饪和食用同中餐有着较大的区别。随着改革开放的深入和对外交流的扩大，中国人越来越多地了解和接触西餐，因而有必要掌握西餐礼仪，充分享受用餐的情趣和氛围。

（一）西餐宴会的席位和排列

与中餐相比，西餐的席位排列有许多相同之处，但也有不少差别。

1. 席位排列的规则

（1）女士优先

一般女主人为第一主人，在主位就位。而男主人为第二主人，坐在第二主人的位置上。

（2）距离定位

距离主位的远近也可以体现出西餐桌上细微的尊卑。距离主位近的位置要高于距离主位远的。

（3）面门为上

（4）交叉排列

即男女应当交叉排列，熟人和陌生人也应当交叉排列。一个就餐者的对面和两侧往往是异性或不熟悉的人，这样可以广交朋友。

2. 席位的排列

西餐席位有以下三种排列方法：

（1）女主人在长桌的中央相对而坐，餐桌的两端可以坐人，也可以不坐人。

（2）男主人分别坐在长桌的两端。

（3）用餐人数较多时，可以把多张长桌拼在一起，以便大家一道用餐。

（二）西餐上菜顺序

一般情况下，比较简单的西餐菜单是开胃菜－面包－汤－主菜－点心甜品－咖啡。

（三）西餐餐具的使用

西餐餐具较多，必须了解和掌握其名称与用途才能正确使用。

1. 餐具的使用

（1）刀叉

一是正确识别刀叉。西餐中每道菜都有专门的刀叉，吃一道菜就要换一副刀叉，不可乱用，也不可自始而终只用一副刀叉。

二是正确使用刀叉。刀叉用法分英国式和美国式两种用法。英国式用法是右手持刀，左手持叉，一边切一边叉食。美国式用法是先右刀左叉，把餐盘中要吃的食物切完，再把右手里的刀斜放在餐盘前方，将左手的叉换到右手叉着吃。通常我们认为英式吃法更文雅一些。

三是正确用手取食。西餐桌上的食物一般都是用刀叉进食，但有些食物也是可以用手取食的。一般情况下，如果一定要用手吃，会附上洗手水，当饭菜与洗手水一起端上来时，即意味着"请用手吃"。在吃一般菜时，如果弄脏了手，也可以请侍者端上洗手水。

四是要知道刀叉的暗示。通过刀叉的摆放可以向侍者暗示是否加菜。

刀右、叉左、刀口向内、叉齿向下，呈"八"字放置在餐盘上表示还没有用完这道菜。刀右、叉左、刀口向内、叉齿向上并纵放，或刀上、叉下并排横放在餐盘里，表示吃完了或不想再吃了，暗示侍者连刀叉带餐盘一起收走。另外，要注意不要将刀叉交叉成"十字形"摆放，因为在西方人看来，这是晦气的图案。

（2）餐匙

区分不同餐匙。汤匙通常放在食盘右边，食盘上方放的是甜食用的匙和叉以及咖啡匙。

（3）餐巾

一是餐巾的铺放。宴会开始，主人拿起餐巾，这是准备进餐的信号，客人跟着拿起餐巾。进餐时将餐巾平铺在双腿上，不要塞在脖颈里或系在裤腰带上，不要用餐巾擦拭杯盘，这是对主人或餐厅的不恭。

二是餐巾的用途。餐巾的第一个用途就是宴会开始、结束的标志。也就是说，主人拿起餐巾意味着宴会开始，而当他把餐巾放到桌子上时，表示宴会结束。此外，餐巾可用来擦嘴，也可以用来擦手，但不能用来擦鼻子或擦脸。

三是餐巾有暗示作用。就餐期间离席，应把餐巾放在椅子上，表示自己还会回来吃；如果把餐巾放到桌子上，则表示自己不想再吃，示意服务员不必继续上菜。

（四）西餐用餐的方法

正式的西餐宴会，一般有九至十道菜点，按上菜的顺序，应该吃什么菜用什么餐具，喝什么酒就用什么酒杯，否则就是"外行"。

第一道面包、黄油，面包撕成小块，抹上黄油，吃一块抹一块。

第二道冷小吃，用中号刀叉食用。

第三道是汤，饮舍利酒，用舍利杯饮用。

第四道是鱼，饮白葡萄酒，用白酒杯饮用。

第五道是副菜（小盘），用中号刀叉食用。

第六道是主菜（大菜），整只熏烤动物（如烤火鸡），用大号刀叉食用，这道菜可用红酒杯配饮红葡萄酒。

第七道是甜点，用点心勺和中号叉食用，用香槟杯配饮香槟酒。

第八道是水果，用水果刀。

第九道是咖啡，如牛奶，用咖啡勺搅拌后饮用。

第十道是立口酒（蜜酒）：用立口杯饮用。

（五）西餐礼仪注意事项

1. 预约

越高档的饭店越需要事先预约。预约时，不仅要说清楚人数和时间，也要标明是否需要吸烟区或视野良好的座位。假如是生日或其他非凡的日子，可以告知宴会的目的和预算。饭店预约确定后，要在预定时间内到达，这是基本的礼貌。

2. 服饰

吃饭时穿着得体是欧美人的常识，因此，再昂贵的休闲服也不能随意穿着去餐厅。去高档餐厅用餐，男士要穿着整洁的上衣和皮鞋；女士则要穿套装和有跟的鞋子。假如指定穿正式服装的话，男士必须打领带。

3. 入座

最得体的入座方式是从椅子的左侧入座。当椅子被拉开后，身体在几乎要碰到桌子的距离站直，领位者会把椅子推进来，腿弯碰到后面的椅子时，就可以坐下来。

4. 举止

用餐时，上臂和背部要靠到椅背上，腹部和桌子保持约一个拳头的距离。最好避免两脚交叉的坐姿。

5. 谦虚

点酒时不要装作内行。在高级餐厅里，会有精于品酒的调酒师拿酒单来。对酒不太了解的人，最好告诉他自己挑选的菜色、预算、喜爱的酒类口味，请调酒师帮忙挑选。

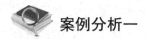 案例分析一

吃西餐

王小姐和一位姓田的男士在一家西餐厅就餐。男士小田点了海鲜大餐，王小姐则点了烤羊排，主菜上桌，两人的话匣子也打开了。小田边听王小姐聊童年往事，一边吃海鲜，心情愉快极了。正在陶醉的当口，小田发现有根鱼骨头塞在牙缝里，这让他很不舒服。小田心想，用手去掏太不雅观了，所以就用舌头舔，舔也舔不出来，还发出啧啧喳喳的声音，好不容易将鱼骨舔出来，便随手放在纸巾上。之后他在吃虾时，又在餐巾上吐了几口虾壳。王小姐对这些不太计较。可这时男士想打喷嚏，拉起餐巾遮嘴，用力打了一声喷嚏，餐巾上的鱼刺、虾壳随着风飞出去，有些正好飞落在王小姐的烤羊排上，这下王小姐有些不高兴了，接下来话也少了许多，饭也没怎么吃。

分析：案例中男士的失礼之处。

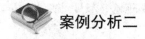 案例分析二

西餐用餐案例

有位绅士独自在西餐厅享用午餐，他风度优雅吸引了许多女士的目光。侍者将主菜送上来不久，他的手机突然响了，他只好放下刀叉，把餐巾放在餐桌上，然后起身去接听电话。几分钟后，当那位绅士重新回到餐桌的座位时，桌上的酒杯、牛排、刀叉、餐巾全都被侍者收走了。

分析：请问那位绅士失礼之处何在？正确的做法是什么？

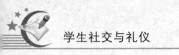
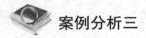 **案例分析三**

喜悦后的尴尬

八月的一天傍晚，某生态观光酒店里来了一群年轻人，他们是为了庆贺高考成功来聚会的学生。他们不问贵贱，主菜配菜一下子点了几十道，服务员担心他们吃不完，何况菜价不菲，但他们并不在乎。点完菜，他们开始四处拍照，甚至跑到门外一辆凯迪拉克汽车前频频留影，始终不绝于耳，一会儿便搞得杯盘狼藉，桌子、地毯上到处是油渍和污秽。坐在附近的一位先生忍无可忍，向店方提出抗议，要求他们马上停止喧闹，否则就要求换座位。服务员把客人的抗议转述给他们，他们立即安静了。看得出来，他们非常尴尬。

分析：请问这群年轻人失礼之处何在？正确的做法是什么？

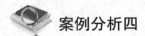 **案例分析四**

自助餐

周小姐有一次参加同学的自助餐晚宴。之前周小姐并没用过正式的自助餐，但是她在用餐开始之后发现其他用餐者的表现非常随意，便也就"照葫芦画瓢"，像别人一样放松自己。

让周小姐开心的是，她在餐台上排队取菜时，竟然见到自己平时最爱吃的北极甜虾，于是，她毫不客气地替自己盛了满满一大盘。当时她的想法是这东西虽然好吃，可也不便再三再四地来取，否则旁人就会嘲笑自己没见过什么世面了。再说，甜虾这么好吃，这会儿不多盛一些，保不准一会儿就没有了。

然而令周小姐脸红的是，当她端着盛满了北极甜虾的盘子从餐台边上离去时，周围的人都用异样的眼神盯着她。有一位同伴还用鄙夷的语气小声说道："真丢脸呀！"事后一经打听，周小姐才知道，自己当时的行为是有违自助餐礼仪的。

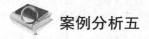 案例分析五

中餐就餐案例

小王为答谢好友李先生一家，夫妻两人在家设宴。女主人的手艺不错，清蒸鱼、炖排骨、烧鸡翅……李先生一家吃得津津有味。这时，有肉丝塞进了李先生的牙缝。于是，李先生拿起桌上的牙签，毫不遮掩地剔出滞留牙缝中的肉丝，并随口吐在烟灰缸了。看着烟灰缸里的肉丝，小王夫妇一点胃口也没有了。

在此案例中，剔牙是不礼貌的行为，是有失就餐礼仪的表现，应注意避免。

 活动与探究

意外

一日，小王请朋友吃印度菜，一上桌，服务员就把洗手钵端上来了。每个人前面一个浅浅的透明小钵，里面有一半是水，很清澈，上面放着柠檬切片和玫瑰花瓣，非常好看。没想到，主宾说："西餐就是不一样，没吃就先上高汤了。"说罢随即端起来喝了下去。小王虽然尴尬，但不能让主宾丢面子，全桌的客人都舍命陪君子，每人喝了一碗洗手水。

主宾的做法说明了什么？该如何提高就餐素养？

第三节　公共场所礼仪

◎名言警句：

亲善产生幸福，文明带来和谐。

——【法】雨果

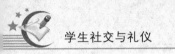

 精品阅读

世界赞叹中国"奥运热情"

"加油,加油!"——北京奥运会期间,在北京及其周边的体育场、游泳馆和其他体育场馆里,到处都能听到这种令人愉悦的鼓励声。这是一种集体性的鼓励,为运动员完成的每一个动作、每一支射出的箭、每一次举起的重量……这就是奥运赛场的氛围,热烈而朴实。参加北京奥运会的各国运动员、观看比赛的观众和参与报道的媒体记者纷纷指出,中国人民体现出来的奥运热情令人难忘,观看比赛的中国观众充满善意、气氛热烈,这是国外友人对北京奥运会的"第一大满意"。

美国《华盛顿邮报》报道:在美中男篮比赛中,东道主球迷们给两队以同样热烈的欢呼。当中国队姚明投入一个三分球时,现场中国球迷为他欢呼雀跃,而当美国队科比灌篮成功时,他们也热烈鼓掌。该报还指出,中国观众的热情不仅限于对中国运动员,即便在一些没有中国运动员参加的比赛中,中国观众也是举止妥当,很有礼貌地鼓掌。

法新社报道说,8月15日当天没有中国运动员参赛,比赛也只是预赛,但"鸟巢"的7万多名中国观众仍然热情激昂,大喊"加油",在获胜者的名字宣布时挥舞中国国旗。以高分贝喝彩在奥运会场馆中制造出激昂气氛的中国体育迷几乎赢得了全世界的赞赏。

一、公共场所礼仪

公共场所礼仪需要我们注意生活中方方面面的细节,按照这些礼仪的规范处事,将是一个彬彬有礼的人;不按规范处事,那将是一个不知礼、不懂礼的人,也必然是一个不受欢迎的人。只有懂得相应的礼仪规则,在身处不同的公共场所时才能表现得体。

(一)就诊礼仪

在医院这种特殊的场所,无论是门诊检查还是住院治疗,学生应讲文明,自觉遵守有关礼仪,注意以下细节。

在门诊看病应排队挂号。如有特殊情况需马上急诊,应向在前面等待的人说明原因，求得谅解和同意。不要在候诊室例喧哗吵闹、随意走动、大声呻吟、吸烟、随地吐痰、乱丢杂物等。

在就医的过程中，应尊重和信任医生，如对医生的诊断有怀疑，可委婉礼貌地向医生说明原因，请医生再作考虑。如果自己认为医生对疾病做不了处理，应认真询问处理依据，及时确认属于医生的责任事故。不可纠集亲友聚众滋事，应该通过正当的途径来解决问题。

（二）购物的礼仪

购物是我们生活中极为普通的事情，在购物过程中，学生作为顾客也应注意自己的举止，自觉遵守有关礼仪，注意以下细节。

1. 注意自己的着装

进入大型商场购物，不得穿拖鞋、光膀子，衣装不整等。

2. 注意自己的态度

在购买东西时应礼貌客气，当需要营业员提供服务时，应礼貌客气地提出请求，不应用命令的语气说话，更不可盛气凌人。

3. 注意自己的行为

在逃选商品时，应该事先考虑一下，不应再选购时过分挑剔、换来换去，如由于某些原因需要调换已买好的商品，应耐心地向营业员说明原因。如理由正当而遭到拒绝，可向商店领导反映，不应与营业员争吵。

在需要排队购物的地方，不能加塞儿插队，对老、弱、病、残及妇女儿童，应有礼让精神。到自选商场购物，可随意挑选自己满意的商品。没选中的应放回原处，不应乱放。选好商品以后，将其放在商场提供的容器里，主动到出口处付款。

（三）游园礼仪

游园，是一种常见的休闲形式。学生在游园时，应讲究社会公德，遵守有关游园礼仪，并注意以下细节。

1. 游园是一种休闲活动，着装应以休闲装为主，可穿着牛仔服、运动服、夹克衫等服装，还可以穿背心、短裤，带上棒球帽、太阳镜等。不应西装革履，与游园的轻松气氛不协调。

2. 在游园时，所穿的鞋即应时髦、漂亮，更要合脚、轻软、防水、防滑，穿旅游鞋最佳，不宜穿皮鞋，尤其是高跟鞋。

3. 游园时，在装饰上应淡妆、简饰，也可以不化妆，不佩戴饰物。假如有必要进行一些修饰，亦应化淡妆，并宜少戴饰物。

4. 在参加娱乐活动时，应当自己排队，讲究先来后到，服从工作人员的管理，不应一拥而上，给别人添麻烦。

5. 在拍照、摄像时应避免与其他人为争抢好位置、好角度而发生不愉快。应当相互谦让，按照先后次序进行。不能争先抢后拍照景点，对文物建筑等不准拍照或不得使用闪光灯时，应严格遵守其规定。不应进入"请勿入内"的草地或鲜花丛中拍照，也不应到危险或不宜攀登的地方照相。合影时，如需别人帮忙，应礼貌的提出请求并表示谢意。

6. 在公园进行练歌、唱戏、跳舞等活动时，应尽量避免干扰其他人。与家人一起游园时，应注意公共道德。

7. 在游园时，对文物应加倍爱惜，不应乱写、乱刻、乱画；对公共设施和树木花草应爱护，不应随意在树木、雕塑、建筑上攀高、乱摸、乱碰，肆意践踏破坏；对园林里的珍禽异兽，不应进行抓捕、恐吓等行为。

8. 公园和其他一些旅游景点所设置的长椅长凳，是供游人做短暂休息用的，不可以只顾自己，一个人长时间占用。许多公园的儿童游艺场，是为儿童设计的，应注意爱护，成年人不可去玩，以防损坏。

9. 游园时应自觉保护环境卫生。不应随地吐痰，不乱扔果皮、纸屑、塑料袋、包装盒、易拉罐、饮料瓶等。

二、乘交通工具礼仪

无论乘坐轿车、公共汽车，还是乘坐火车、轮船、飞机，都应遵守一定的礼仪规范。

（一）乘坐轿车

在乘坐轿车时，应遵守乘车礼仪，并注意以下细节。

1. 乘坐轿车应遵守客人为尊、长者为尊、女士为尊的礼仪规则。

（1）在正式场合，乘坐轿车应分清座位的主次，找准自己的位置。

（2）有专职司机驾车时，其排位自高而低依次为后排右座、后排左座、后排中座、副驾驶座，此时后排的位置应当让尊长坐。

（3）当主人亲自开车时，副驾驶座不能空着，则应把副驾驶座让给尊长，其余的人坐后排。由先生驾驶私家轿车时，则其夫人一般应坐在副驾驶座上。

（4）吉普车前排副驾驶为上座，其他座次由尊而卑依次为：后排右座、后排左座。四排座及以上的中型或大型轿车排位，应由前而后，由右而左，依距离前门远近排定。

2. 上车时，驾车人应将车子开到客人跟前，下车帮客人打开车门，站在客人身后请其先上车。若客人中有长辈，还应扶持其先上车，自己后上车。另外，关门时切忌用力过猛。

3. 下车时，主人或工作人员应先下车，帮助客人打开车门，迎候客人或长者下车。

4. 夫妇两人被主人驾车送回家时，最好有一人坐在副驾驶座上，与主人相伴，而不要双双坐在后排。

（二）乘坐公交车

乘坐公交车应讲究文明礼貌，并注意以下细节。

1. 候车应按先来后到的顺序在站台上排队，车辆进站，应等车停稳后依次上车，对妇女、儿童、老人及病残者要照顾谦让。

2. 上车后不要抢占座位，更不要把物品放在座位上替别人占座。遇到老、弱、病、残、孕及怀抱婴儿的乘客应主动让座。

3. 在车上与人说话应轻声，不要大声谈笑或与爱人过分亲昵。

4. 应讲究乘车卫生，不要在车上随地吐痰、乱扔果皮、纸屑；禁止在车上吸烟。

5. 下雨天上车后，应把雨衣脱下，不要让雨水沾湿别人的衣服；雨伞要伞尖朝下放置。拎着鱼、肉或湿东西上车时，应事先把东西包好，以免蹭脏别人的衣服。

6. 下车应提前做好准备，在车辆到站之前向车门靠近。车内拥挤需要他人让路时，应有礼貌地请前面的乘客让一下或调换以下位置。在调换过程中，动作要和缓，注意不要拥挤别人。如果自己暂时不下车，应主动为下车的乘客让路。车到站后，应依次下车，并应照顾礼让老、弱、病、残、孕和儿童。

（三）乘坐火车

乘坐火车时应自觉遵守乘车礼仪，并注意以下细节。

1. 在候车时应自觉遵守公共卫生，保持安静，不要大声喧哗，不要随地

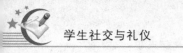

吐痰，不要乱扔废物，检票时排队依次前行，不要拥挤、推搡。

2. 上车后不要见座就坐，甚至抢座。若未持有坐票，就座前应礼貌地征求邻座的同意后再坐。

3. 使用行李架时，应相互照顾，不要独占太多的空间，不要粗暴地将自己的行李放在别人的行李上；当移动别人行李时应征得同意；往行李架上放行李时，不要穿鞋直接踩踏座位。行李放好后，应礼貌地向邻座的乘客打招呼，点头示意。

4. 坐定后，待时机成熟时再与邻座交谈。交谈时，不要打听对方的隐私，不要冒失地索要对方的地址、电话，也不要旁若无人地嬉笑打闹。

5. 在卧铺车厢，不要盯视他人的睡前准备和睡相。直接脱衣就寝时，应背对其他乘客。

6. 当乘务员来打扫卫生和提供其他旅途服务时，应主动配合，提供方便并表示谢意，必要时应给予帮助。

7. 当看到不良行为、不法行为时，协助乘警、乘务员制止、抵制不法行为。

（四）乘坐轮船

在乘船时，应自觉遵守乘船礼仪并注意以下细节。

1. 上下船时，应按先后次序排队，不要拥挤、加塞儿。与长者、女士、孩子一起时应请他们走在前面或者以手相扶，必要时应给予照顾和帮助。

2. 在上下船时应注意安全，走跳板或小船时，不要乱蹦乱跳，要小心翼翼，不要去不宜前往的地方，如轮机舱、救生艇以及其桅杆之上。不要一个人在甲板上徘徊，不要擅自下水游泳等。乘船时不得随意携带易爆品、易燃品、易腐蚀物品、枪支弹药、腐烂性物品、家畜动物以及其他一些违禁品。

3. 登船时应自觉接受有关人员对人体和行李的安全检查，要积极配合，不要加以非议和拒绝。

4. 乘船时应对号入座。若自己买的是不对号的散席票，要听从船员的指挥、安排，不要随意挪动或选择地方。

5. 应自觉保持安静，不要大声喧哗，不要随地吐痰，不要乱扔废物。与他人同住一个客舱时，不要吸烟。

6. 若自己周围有人晕船、生病，应给予力所能及的帮助，不应对其另眼看待或是退避三舍。

7. 乘船旅途中若发生了难以预料的天灾人祸，要听从指挥，尽心尽力地先救助其他人，不要惊慌失措，夺路而逃。

（五）乘坐飞机

在乘坐飞机时，应自觉遵守乘机礼仪，并注意以下细节。

1. 当上下飞机时，空中小姐站在机舱的门口迎送，并热情问候乘客，应向她们点头致意或问好。

2. 登机后应对号入座。不要随地吐痰，不能在飞机上吸烟。在机舱内谈话声音不可过高，尤其是其他乘客闭目养神或阅读书报时，不要喧哗。

3. 对所有人，不论民族和种族，都应一视同仁，以礼相待。如果别的乘客主动向你打招呼或想与你攀谈，除非十分疲倦，应当友好地应答。若你打算休息一下而不想交谈，则应向对方说明并表示歉意。

4. 遇到班机误点或临时改降、迫降在机场，不要惊慌失措，而要保持镇静，并积极与机场或乘务人员配合。

5. 下飞机后找不到行李，不要着急，应请机场管理人员协助查找。即使行李丢失，航空公司也会照章赔偿。

 **精品阅读**

飞机客舱内不能用手机和其他电子类产品

在飞机上，使用手机和其他电子类产品会干扰飞机的通信、导航、操纵系统，会干扰与地面的无线信号联系，尤其在飞机起飞下降时干扰更大，会造成很小角度的航向偏离，也可能导致机毁人亡的后果。

以移动电话为例，移动电话不仅在拨打或接听过程中会发射电磁波信号，在待机状态下也在不停地和地面基站联系，虽然每次发射信号的时间很短，但具有很强的连续性。飞机在平稳飞行时，距地面6000米至12000米，此时手机根本接收不到信号，无法使用，在起飞和降落过程中，手机才有可能与地面基站取得联系，但此时干扰导航系统产生的后果最为严重。航空公司在广播词中加入了要求旅客在飞机上关掉随身携带的便携式电子装置电源的内容，飞机上禁止使用的电子装置有手机、寻呼机、游戏机遥控器、业余无线

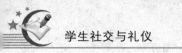

电接收机、笔记本电脑、CD 唱机等。

 案例分析

正值盛夏，小王带着儿子在公园乘凉，突然儿子要喝水，小王于是来到一家大型购物中心给儿子买瓶矿泉水。可是商场的保安，怎么也不让小王进去。于是，小王与保安发生了口角。原来，小王出来乘凉时穿着拖鞋，光着膀子，所以才发生了上面那一幕。

 活动与探究

1. 分析开篇案例中反映出怎样的中国精神？
2. 案例中保安为什么不让小王进入商场，他违反了哪些礼仪规范？
3. 与同学交流自己见到的公共场合不文明行为，并指出其不文明之处。

第六章

求职礼仪

◎**教学目标：**

    📖 知识目标：通过本章内容的学习掌握求职简历的写作及要点，熟悉面试时基本的礼仪规范和流程。

    📖 技能目标：通过本章内容的学习和训练，使学生提高面试时的语言表达能力，有效地控制自己的情绪，学会恰当地使用肢体语言。

    📖 情感目标：通过本章内容的学习，培养学生良好的心理素质，让学生学会心理的自我调适，培养和提高学生在面试时和面试后的情感交流能力。

◎**名言警句：**

    大多数人录用的是他们喜欢的人，而不是最能干的人，大多数决策者在面试的最初 5 分钟内就做出了录用与否的决定，并把面试的其余时间用来使他们的选择自圆其说。

                                  ［美］奥里·欧文斯

    毕业求职是学生生涯的重要一环，而对于众多已经工作的人来说，重新求职、应聘也是屡见不鲜的。求职应聘，在很多情况下是与别人最直接的

131

"短兵相接"，并且要求这种接触和谐、融洽。求职应聘的成功与否，与求职自身的礼仪修养有着密切的关系，良好的礼仪有着十分重要的推动作用。

大学生刘辉今年即将毕业，早早地投入到了找工作的洪流中，经学校推荐，刘辉去参加一家保险公司的招聘。在最初的笔试中，刘辉凭着自己扎实的基本功，丰富的专业知识，远远领先于其他竞争者。大家都以为这份工作非刘辉莫属，但事情最后却出人意料。在最后的面试中，刘辉表现的一如既往地谦虚，哪知正因为如此，他痛失良机。

刘辉被问道，"你觉得你英文水平怎么样？"他回答："还行。""你能胜任这份工作吗？""应该可以吧。"几个回合的问答，刘辉都是如此的谦虚和模糊，结果使对方对他产生了缺乏实力和自信的不良形象，从而失去了这次工作机会。

第一节　求职前准备工作

求职应聘是学生要完成的成长课题，也是人生的转折点，应该慎重对待，不可草率、轻视和盲目。在求职前认真做好准备工作是十分重要的。

一、心理准备

求职前作适度的心里调适，有助于培养良好的心态，以谨慎、乐观、认真的态度对待面试官，有助于发挥出自己的水平，谋得合适的职位。

1. 正确评价自己

求职是再次认识和剖析自己的过程，要实事求是地评价自己，知道自己的长处和短处，既不妄自尊大，也不盲目自卑。在面试时，应考虑怎样才能扬长避短，巧妙地避开或弥补自己有所欠缺的地方，更好地表现出自己的长处。

2. 降低期望值

有一种说法是"求上得中、求中得下"，意思是说无论对什么事情，期望值都不要太高。要有从坏处着想，向最好处努力的思想准备。在就业形势如此严峻的今天，毕业生就业已成为全社会关注的问题。"就业定终身"等传统思想早已不再适用，要树立"先就业再择业"的观点，降低期望值，在就职与期望不相符时，要先选择一份职业干起来，积累工作经验，为后续的发展做准备。

3. 正确对待应聘

要坚信"天生我材必有用""此处不识君，自有识君处"，充分认识到即使应聘不成，也是一次有益的尝试。只有大方、真诚、坦然地面对求职应聘，才能在应试中举止得体、思维敏捷、妙语连珠。

4. 消除紧张

许多人会在择业，尤其是面试时产生紧张及焦虑的情绪，这是很正常的现象，要正确对待这种情绪。通常情况下，应聘者与面试官都是初次见面，你不了解对方，对方也不了解你。不要妄自菲薄，不能自己先乱了方寸。

重要提示

心理上战胜自己：不害怕、不紧张、泰然自若。

消除紧张的小窍门

（1）放松身体

开怀大笑可以放松全身肌肉，这样可以使你的身体放松下来，同时，心里的紧张也就得到了缓解。另外，散步时，双臂的摆动是一种机械运动，有助于缓解紧张。专家指出，用略高于体温的水洗澡能增加血液循环，使人得到镇静，安抚紧张的肌肉。

（2）做深呼吸

我们不高兴时，常常会不自觉地"长吁短叹"。其实，长吁短叹就是一种无意的深呼吸，它无意中部分排解了焦虑和紧张。面试前，不妨主动做做深呼吸来缓和自己。很多时候，只要一个深呼吸，便可让自己感觉到镇定和平静。

（3）睡眠充足

面试前，很多人会这样推论：太紧张——睡不好觉——明天精神肯定不好——面试要完蛋，以至于最后搞得自己越来越紧张，只能在极度疲倦的时候才能入睡。很多人睡不好觉是因为太重视睡觉的意义了。其实，以轻松的

态度对待睡眠的意义，就能和平时一样自
然入睡。另外，在睡前适当活动、喝杯热
奶，或是在睡觉时放松身体可以促进睡眠。

（4）调整饮食

香蕉等水果里面含有一种可以让人脑
产生血清基的物质，而血清基有安神和让
人愉悦的作用，有人之所以患狂躁抑郁症，

其中一个原因便是血清基的缺乏。所以，面试前的用餐，应注意多吃一些
水果。

饮食专家认为，用餐时，除了补充肉、鱼和蛋等高蛋白之外，吃一些粗
面粉做成的面包、蔬菜、水果等，更有助于乐观情绪的产生和保持。

二、个人简历的准备

如果说求职的过程是一个推销自我的过程，那么个人简历就像广告一样。
一份好的简历无疑是一块重要的敲门砖。

1. 简历的设计原则

（1）真实

简历提供的个人信息要真实、准确。阐述个人经验、能力不夸大，不误
导。简历所描述的个人能力与本人实际工作水平相同。不诚实既会让你人格
受损，也会让你错失良机。

（2）简明

简历要简单明了，表达真诚，一般的简历一至两页就足以概括基本信息，
语句要求精练，避免繁杂冗长。

（3）突出

简历中一定要突出个人的能力、经验以及过去的成就，并且附上证据来
证明，可在简历最后附上个人小结，写出与应聘职位相关的工作经历，以此
来告诉用人单位，你能做好这份工作，这是引起用人单位注意的最好办法。

（4）得当

准确使用具体数据。比用"大量""很多"等词更让人信服。

撰写简历的要点

事实上主考官看一份简历的时间只是短短几秒钟而已，所以，简历不要写得太烦琐。

在写作简历时，其实你是处于一个推销自己的商业环境，要时刻注意，尽量使用适合这种环境的语言，尤其是在对你曾经的业绩和成就进行说明的时候。那么，什么样的语言是商业语言呢？简单地说，就是定量化的语言，你的简历中大而空、口号式的语言远不如具体的数字、具体事实来得实在，所以，要力求用定量化的语言描述和所求职位相关的工作，明确传达商业价值，增强简历的说服力。

时代在改变，求职用语也在不断地推陈出新，像"我对这个工作有信心""我是抱着学习的目的而来的""请给我一个学习的机会"等语言已不再适应当前这个时代。求职简历中出现这类词语，只能证明求职者没有能力和自信，因此应尽量避免。

现在外资企业渐多，对于没有经验的人来说，传统公司要求的谦虚、保守等品质，已经无法适应需求了。我们除了学历之外一无所有，如果再加上那些错误的用语，这机缘一失，可能三五年都不见得能弥补回来。

所以，在求职简历中必须明确地让公司知道你能为公司带来什么利益、贡献或成效，这才是增加求职成功率的砝码。

2. 简历的内容

简历并没有固定格式，对于社会经历较少的大学毕业生，一般包括个人基本资料、学历、社会工作、获得奖励及课外活动、兴趣爱好等几个方面。

一般的简历正文包括以下三部分。

（1）基本情况介绍

基本情况包括姓名、年龄、专业、联系方式等。

（2）学历情况概述

学历情况是指学习历程、在校期间获奖情况、爱好和特长、参加过的社会实践活动、在校职务、承担的任务等。

（3）工作经历和求职意愿等

介绍曾经实习或工作过的单位名称、职位、个人工作成绩、培训或深造就学情况、工作变动情况、职务升迁情况，求职志愿等。

重要提示

求职简历"三不":不超过一页;不写与工作无关的事;不填薪水。简历只不过是争取面试的机会。

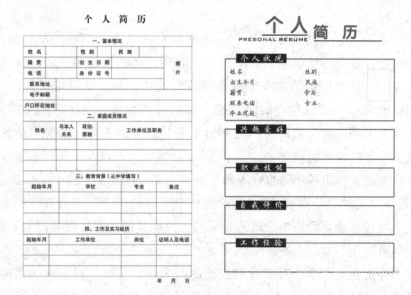

三、物品准备

求职应聘前要准备好公文包、简历、记事本、个人身份证、照片、毕业证件、各类技能等级证书、获奖证书等材料。所有材料有条理地放在公文包或文件夹里,方便随时取出。

四、形象设计

形象是进入职场"制胜"的一步。应聘时的"面子"很重要。恰当的着装和妆容能够弥补自身条件的某些不足，树立起自己的独特气质，使你在面试中能够脱颖而出。

面试基本礼仪要求：仪容整洁、发型适宜、着装得体

1. 服装

应聘是正式场合，应穿着适合这一场合的衣服，着装应该较为正式，必须符合社会大众的审美观，要有涵养，职业化，不要奇装异服。另外，应聘者的着装也应与应聘岗位相协调，例如，法律、金融、教育等行业适用职业装，女士裙装、男士西装是最佳的选择；IT 行业则不会如此严格，着舒服得体的休闲装即可，如休闲西装、夹克衫、休闲裤、牛仔裤等；如果要应聘一些非常有创意的工作，如市场、广告、设计等，可以穿得稍微时尚一点，显示出独特的品位和风格。不管是男士还是女士，面试时都应保持皮鞋整洁光亮，细节处见成败。

2. 妆容

无论是男士还是女士，应聘时都应重视妆容的整洁和适度。男士头发整洁、胡须干净，同时注意脸部的清洁。女士忌浓妆艳抹，忌喷洒过浓的香水，妆容应简洁、大方、亲切、自然，符合行业要求。

重要提示

面试前要从头到脚再检查一遍：扣子、拉链是否扣好、拉好，领子袖口是否有破损，衣服是否有褶皱，鞋子是否干净光亮。

注意事项：

有些人认为，不论应聘什么岗位，只要是参加面试就一定要穿正装。其实什么事都不是千篇一律的，不同的企业、行业有不同的文化。如传媒、广告、艺术等行业可以比较休闲，适当突出个性元素。以众人认同的和谐为前提，以符合个人特殊气质的风格画龙点睛，让老板、同事、客户认同之余略带"惊艳"，那么你的着装水准就上升到了一个新境界。还有，着装必须与自己相符，如果着装与自己格格不入，必定会影响自己面试的发挥和面试官对你的印象。

所以说不应该认为正装是最稳妥的，一要看是否符合面试公司的企业文

化，二要看是否与自己相符。专家指出，每个人身上都一份独特的美，只是有的没有被发掘出来，着装可以更好地体现一个人的气质和魅力。如果不知道如何进行服饰搭配，不妨通过在线形象设计来解决，在这里在线个人形象设计的老师会根据个人的情况，通过色调搭配、服装款式及服装线条来为大家制定出独具个人特色的穿衣搭配。

大家都知道面试着装是非常重要的，但如果想通过面试这一关，一件适合自己的衣服是更为重要的。

第二节　面试基本礼仪

面试，就是当面考试，谁懂得礼仪，谁就得到加试分，谁就容易得到高分，谁就最先通过。每一位求职者，都希望在面试的时候给主考官一个好印象，从而增大录取的可能性。所以，了解一些求职礼仪特别是面试的礼仪，是求职者迈向成功的第一步。

一、到达面试地点

按时到达，安静等待是求职者应给予应聘单位的第一印象，这也是面试的第一道题目。

1. 守时

守时是职业道德的一个基本要求，参加应聘特别要注意遵守时间，一般应提前 5 至 10 分钟到达面试地点，以表示求职的诚意，给对方以信任感。提前半小时以上到达会被视为没有时间观念，但在面试时迟到或是匆忙赶到却是致命的，不管有什么理由，都会被视为缺乏自我管理和约束能力，即缺乏职业能力，给面试者留下非常不好的印象。大公司的面试往往一次要安排很多人，迟到几分钟，就很可能永远与这家公司失之交臂。

2. 等候面试

到达办公区，最好直接走向面试单位，而不要四处闲逛。

走进公司之前，要注意把口香糖和香烟都收起来，并把手机关机或调至静音，避免面试时突然响起造成尴尬局面，同时也分散你的精力，影响你的成绩。进入面试单位，若有前台，则开门见山说明来意，经引导到指定区域落座等候。若无前台，则找工作人员求助，这时要注意使用"您好""谢谢"

等文明用语。如果没有等候室，在面试门外等候，当办公室门打开时应有礼貌地说声"打扰了"，然后向考官表明自己来是参加应聘的，决不可贸然闯入。

二、进入面试

面试是应聘单位与求职者最直接的对话。面试可以反映出应聘者的修养和素质，流露个性和品质。掌握面试的技巧，有助于求职成功，获得理想职位。

1. 把握进门机会

如果没有人通知，即使前面一个人已经面试结束，也应该在门外耐心等待，不要擅自走进面试房间。自己的名字被喊到时，有力地答一声"是"，然后敲门进入，敲两三下是较为标准的，敲门时千万不可敲得太用力，以里面听得见的力度敲门即可，切忌敲门太用力。听到里面说"请进"后再进入房间。开门关门尽量要轻，进门后应转过身去正对着门，用手轻轻将门合上。回过身来将上半身前倾30度左右，向面试官鞠躬行礼，面带微笑称呼一声"老师好"或"您好"，彬彬有礼且大方得体。

2. 面试中的语言

语言艺术是一门综合艺术，包含着丰富的内涵。一个语言艺术造诣较深的人需要多方面的素质，如具有较高理论水平、广博的知识、扎实的语言功底。如果说外部形象是面试的第一张名片，那么语言就是第二张名片，它客观反映了一个人的文化素质和内涵修养。谦虚、诚恳、自然、亲和、自信的谈话态度会让你在任何场合都受到欢迎，动人的公关语言、艺术性的口才，力争对所提出的问题对答如流，恰到好处，妙语连珠，耐人寻味，又不夸夸其谈，夸大其谈，夸大其词。

3. 自我介绍

自我介绍通常是面试的开始，也是很好的表现机会，应把握以下几个要点：首先，要突出个人的优点和特长，要有相当的可信度。语言要概括、简洁、有力，不要拖泥带水，轻重不分；其次，要展示个性，可以适当引用别人的言论，如老师、朋友等的评论来支持自己的描述；第三，坚持用事实说话，少用虚词、感叹词之类；第四，要符合常规，介绍的内容和层次应合理、有序地展开。

精品阅读

面试时的形体语言

☆微笑的表情有亲和力

微笑是自信的第一步，能为你消除紧张。面试时要面带微笑，亲切和蔼、有问有答。听对方说话时，要时而点头，表示自己听明白了或正在注意听。同时面带微笑，当然也不宜笑得太僵硬，一切都要顺其自然。

☆适度恰当的手势

说话时做些手势，加大对某个问题的形容力度，是很自然的，但是手势太多也会分散人的注意力，需要适度配合表达。交谈很投机时，可适当地配合一些手势讲解，但不要频繁耸肩，手舞足蹈。切忌抓耳挠腮、用手捂嘴说话，这样显得紧张、不专心，交谈时，忌拍对方的肩膀。

案例分析

小王走进应聘现场，在考官对面坐定，身体往背椅上一靠，二郎腿翘起，两手交叉胸前，眼睛紧盯着考官，眼神局促不安。

求职者在面试过程中不经意间表现出的形体语言对面试成败非常关键，有时一个眼神或者手势都会影响到整体评分。这里给出几条建议，求职者可以对照着自己演练。

☆专注亲切的眼神

眼睛是心灵的窗户，恰当的眼神能体现出智慧、自信以及对公司的向往和热情。正确的眼神表达应该是：礼貌地正视对方，但应避免长时间凝视对方，否则易给人咄咄逼人之感；目光可三秒钟移动一下，注视的部位最好是考官的鼻眼三角区（社交区）；目光平和而有神，专注而不呆板，眼神不要因紧张而飘忽不定；切忌斜视、下视、仰视，更不能有飘荡、心不在焉、甚至挑逗的眼神。

☆端庄大方的坐姿

良好的坐姿也是给面试官留下好印象的关键要素之一。可全身稍稍放松，否则会显得坐姿僵硬；坐椅子时最好只坐三分之二，不要靠着椅背；上身挺直，这样显得精神抖擞。女生最好两腿并拢，身体可稍稍倾斜，不要抖动双腿或将双手交叉于胸前。

 案例分析

面试案例

休息室里坐满了等候面试的人，有人充满信心，志在必得；有人紧张异常，一遍遍地背着自我介绍。面对众多的求职竞争者，张红不以为然地笑了笑，从包里拿出化妆盒补妆，又用手拢拢头发，心想"我高挑的个子，白皙的皮肤，还有这身够靓的打扮，白领丽人味道十足，舍我其谁？"

考官叫道张红的名字，张红从容地进入考场。按考官的要求，张红开始做自我介绍：各位好。我是山大中文系毕业班的学生张红。在校期间，我的学习成绩良好，曾担任过两届学生会文艺部部长……我还有很多业余爱好，譬如演讲、跳舞，我拿过奖呢！对于我的公关才能和社会手腕我是充满自信的。

一边说着，张红一边从包里拿市交谊舞大赛和演讲比赛的获奖证书，化妆盒不小心跟着掉了出来，各式各样的化妆用品散落一地，她乱了手脚，慌忙捡东西，抬头对考官说"不好意思！"

考官们不满的摇头。考官甲说："小姐，麻烦你出去看一下我们的招聘条件，我们这里是研究所，你还是另谋高就吧。"

重要提示：

面试要避免和面试官套近乎，言而无物，假扮完美。

4. 回答问题

在应聘中对招聘者的问题要一一回答。要口齿清晰，声音大小适度；答句完整，不可犹豫，不用口头禅。回答时尽量不要用简称、方言、土语和口头语，以免对方难以听懂。切忌把面试当作你或他唱独角戏的场所，更不能

打断招聘者的提问，以免给人急躁、随意、鲁莽的坏印象。当不能回答某一问题时，应如实告诉对方，不要不懂装懂，考官都是专家，不懂装懂的问题不仅不能侥幸得分，考官甚至会因此对你的人品产生怀疑。

重要提示：

尊重对手：在面试中的集体面试和小组讨论环节中，即使小组中有人的观点错误或很幼稚，也要尊重自己的对手，不要对对方显示出蔑视或不屑。要知道，一个喜欢贬低他人的人，其学品和人品都值得怀疑。

5. 面试中的形体语言

除了讲话以外，无声胜有声的形体语言也是重要的公关手段，通过举止、姿态、神情、动作来传递信息，形体语言在交谈中往往起着语言无法比拟的效果，是职业形象的更高境界。形体语言对面试成败非常关键，它可以在考官眼中形成一道绚丽的风景，增强求职者的竞争能力。

（1）微笑

微笑是自信的第一步，也能为你消除紧张。面试时要面带微笑，亲切和蔼、谦虚捏诚、有问必答，不要板着脸，苦着一张脸，否则不能给人以最佳的印象。表情呆板、大大咧咧、扭扭捏捏、矫揉造作，都是一种美的缺陷，会对自然的美产生破坏作用。

重要提示：

面试过程中要始终面带笑容、谦恭和气，表现出热情、开朗、大方、乐观的精神状态，轻松自然、镇定自若、不卑不亢。

（2）手势

适度恰当的手势，能够加大对某个问题的形容力度，是很自然的，但面试中切忌手势太多分散人的注意力。交谈很投机时，可适当地配合一些手势讲解，但不要频繁耸肩、手舞足蹈。与面试官的初次见面、握手，这种手与手的礼貌接触是建立第一印象的重要开始，在面试官的手朝你伸过来之后就握住它，要保证你的整个手臂呈 L 形，有力地摇两下，然后把手自然地放下。握手应该坚实有力，有"感染力"。双眼要直视对方，自信地说出你的名字，即使你身为女士，也要表示出坚定的态度，但不要太使劲，更不要使劲摇晃；不要用两只手，用这种方式握手在西方公司看来不够专业。而且手应当是干燥、温暖的。

（3）姿态

进入面试室后，在没有听到"请坐"之前，绝对不可以坐下，等考官告诉你"请坐"时才可以坐下，坐下时应道声"谢谢"。坐姿也有讲究，良好的坐姿是给面试官留下好印象的关键要素之一。坐椅子时最好做满三分之二，上身挺直，这样显得精神抖擞；保持轻松自如的姿势，身体要略向前倾。切忌跷二郎腿并不停抖动，两臂不要交叉在胸前，更不能把手放在邻座椅背上，或做些玩笔、摸头、伸舌头等小动作，这样容易给人一种轻浮傲慢、有失庄重的印象。

（4）目光

面试一开始就要留心自己的身体语言，特别是自己的眼神，对面试官应全神贯注，目光始终聚焦在面试人员身上，在不言之中，展现出自信及对对方的尊重。正确的眼神表达应该是：礼貌正视对方，注视的部位最好是考官的鼻眼三角区（社交区）；目光平和而有神，专注而不呆板；如果有多位面试官在场，说话的时候要适当用目光扫视一下其他人，以示尊重；回答问题前，可以把视线收回来，并切忌眼神游离不定。

（三）结束面试

求职面试犹如奏乐演唱，需要讲求结束之术，虎头蛇尾很可能前功尽弃或丢掉即将到手的机会。因此求职过程必须时刻牢记善始善终。

面试即将结束的时候，如果对方没有表示与你联系，可以问问对方什么时候做出最后的决定，好让自己有一个心理准备，或问可否在一段时间内来电话询问。不过，对于一个有礼貌的公司而言，无论你成功与否，一定会给你一个答复。不要不敢问及有关问题，但不可急于问有关薪水、休假、福利情况，这类事情通常是第二次面试才会涉及的。

不要在面试官结束谈话前表现出浮躁不安、急欲离开的样子，你应该知道在什么时候告辞，有些接见者会明确表示面谈结束，另一些则用"同你谈话我感到很愉快"或"感谢你前来面试"这样的辞令结束谈话。面试者对此应十分敏感，这时应一面徐徐起立，一面以眼神正视对方，趁机做最后的表白，以显示自己的满腔热情。比如说"谢谢您给我一个应聘的机会，如果能有幸进入贵单位服务，我必定全力以赴。"然后欠身行礼，说声"再见"，轻

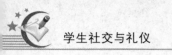

轻把门关上退出。走出时，如果之前有秘书或接待员接待过你的话，也应一并向他们致谢告辞。

重要提示：

告别话语要说的真诚，发自内心，才能让招聘者"留有余地"，产生"回味"。

第三节　面试后礼仪

许多学生求职者只留意面试时的细节，而忽略了面试后的礼仪。实际上，面试结束并不意味着求职过程的完结，求职者不应该翘首以待聘用消息的到来，还有几件事要做。

一、表示感谢

为了加深招聘人员对你的印象，增大求职成功的可能性，对想抓住每个工作机会的人来说，面试后的两三天内，最好给主考官打个电话或写封信表示感谢。

1. 打电话

在面试后的一两天之内，可以打电话给主考官表示感谢。电话感谢要考虑适合的时间（如避开可能的例会等），电话内容要简短，最好不要超过三分钟，电话里不要询问面试结果。因为这个电话仅仅是为了表现你的礼貌和让对方加深对你的印象而已。

2. 写面试感谢信

主考官对应聘者的记忆是短暂的。感谢信是应聘者勾起考官回忆的最好机会，并能彰显与其他求职者的不同。面试感谢信包括电子邮件和书面感谢信两种方式。

如果平时通过电子邮件的途径和公司联系的话，那么在面试结束后，发一封电子感谢信，是既方便又得体的方式。

但大多的情况下还是写书面感谢信，特别是在面试的公司非常传统的情况下，更应如此。书面感谢信最好用白的 A4 纸，字的颜色要求是黑色。信的内容要简洁，最好不要超过一页纸，在书写方式上有手写和打印两种。打印出来的感谢信较为标准化，表示你熟悉商业环境和运作方式，但有时难免给人留下千篇一律的印象。如果想与众不同，或是想对某位给予你特别帮助的主考官表示感谢，手写则是最好的方式，当然，前提是你的字比较正规而且容易辨认。

标准的感谢信应包括如下内容：首先在开头写明上次面试的时间、地点、应聘的职位和面试官的名字。如果信是写给面试官本人的，可以不写面试官的名字。感谢面试官为你提供了面试的机会。信中可以适当地夸奖面试官，例如，面试官哪一点给你留下了深刻的印象等，但是不要显得与面试官套近乎。可以简短地写一两句对职位的看法，但不宜过多。再简短地说明一下自己与职位要求相吻合的才能。最后谦虚地说明你非常希望得到这个职位，你正在等回音即可。

 **精品阅读**

感谢信

尊敬的××先生：

您好！我是××月××日（今天）上午到贵公司应聘××××的××。非常感谢您给了我这次笔试、面试的机会！让我有向您学习与交流的机会。

通过这次面试，我对贵公司有了更加深刻地认识，同时也很高兴有一次与您沟通的机会。在投身于社会之际，为了找到合适自己的专业和兴趣的工作，将自己所学的知识真正应用到实际生活中，我希望加入贵公司，如果能成为贵公司的一分子，我相信我一定在自己的岗位上尽职尽责、踏踏实实地贡献自己的一份力量。我对贵公司的前途十分有信心，希望有机会和您共同工作，为公司的发展共同努力。

期待您的回音！再一次感谢您。希望有机会与您再谈。

应聘者：

××年××月××日

二、询问结果

一般面试后，主考官都会许诺一个通知的时间，如果通知时间到了还没收到答复的话，那么应该主动给招聘单位或主考官打个电话，询问一下结果是否出来，询问自己是否被录用。这其中有两个礼仪细节必须注意：什么时候问和怎么问。

1. 什么时候询问结果

从礼仪角度来说，打电话最得体的时间应该是对方方便的时间。什么是方便的时间？除工作繁忙、休息、用餐、生理疲倦外，都可以认为是方便的时间。因为询问面试结果是公事，所以当然是在正常工作日的时间段内打电话。一般而言，周一上午和周五下午会比较繁忙，应尽量避开。

2. 怎么问

在电话里同样的一句话，问候方式不同，虽不至于有不同的结果，最起码会给人不同的印象：或有礼貌，或显唐突。所以在通话的过程中，自始至终都要尊重自己的通话对象，待人以礼，表现得有礼、有节。

接通电话后，首先说一声"您好"，接下来要自报家门，让对方知道你是谁。自报家门的内容应该包括自己的全名、何时去面试的和面试的职位，以便对方能知道你是谁。在电话中要表明自己对贵公司的向往和愿意为公司的发展做贡献。一定要向合适的人（如准考官）询问，留言或转告都不是询问面试结果的首选方式。如果要找的人不在，可以打听他何时回来，然后到时候再打电话。

如果知道自己没有被录用，首先要保持稳重的情绪，同时，冷静、热情地请教一下未被录用的原因，可以说"对不起，我想请教一下我没有被录用的原因，我好再努力"。谦虚会赢得对方的尊重，有可能给你带来下一次的面试机会。

需要说明的是，打电话询问面试结果，最多打三次就可以了。因为即使在研究，经过三次的电话询问，也会对你有足够的印象了。如果想聘用你就会直接告诉你或及时和你联系。再多的电话，反而会适得其反，甚至会给人"骚扰""无聊"的感觉。感谢信也是如此。

三、接受录取通知

作为一个求职者，在经历了数日的奔波、多次的面试之后，终于得到了被录用的消息。这时候，你可能会庆幸自己数月的辛苦和努力没有白费，甚至还会欣喜若狂、大宴宾朋、一醉方休。

收到心仪的公司的录用通知是一件喜事，值得好好放松一下。但同时还有一件事情要求你能认真地面对：了解公司、了解工作。在正式报道之前，先对所要服务的公司有所了解，这样在开展工作的时候就会顺畅很多。了解公司的方法很多，包括在面试时带回的公司简介、刊物，或企业形象方面的资料、企业网站等，有条件或可能的话进行实地全面考察最好。这会使你对公司的整体情况和营运有所掌握，会对你的新工作、新环境带来很大的帮助。

四、整理心情做好再次冲刺的准备

面试结束后，你就完成了一个阶段，如果没收到录取通知就不能算成功。如果你同时在几家公司求职的话，那就要整理好心情，全心投入到下一家面试的状态中，因为前面一家还没得到结果，还不能确定能否被录用，所以千万不要放弃任何一个机会。

应聘中很少有人一次就成功。当你在一次竞争中失败了那也没必要气馁，关键是要总结经验教训，找出失败的原因，然后针对不足，找到更好的应对方法，重新做准备再去应聘，机会不止一次，总有一次你会取得成功。

 活动与探究

小徐：（推门进来，重重地关上门。坐在主考官面前，默不作声。）

主考官：你是徐涛吧？请问，你是从哪所学校毕业？什么时候毕业的？

小徐：（不解地）您没有看我的简历吗？您问的这些问题简历上都写着呢。

主考官：看了。不过我还是想听你说说。那么，请用一分钟叙述一下你的简单情况。

小徐：（快速地）我在大学里学的是文秘专业，实习时在一家广告公司工作负责文案。这几年，我报考了英语专业的自学考试，目前已通过五门功课的考试。我很想到贵公司工作，因为贵公司的工作环境很适合年轻人的发展。我希望贵公司给我一个机会，而我将回报贵公司一个惊喜。

主考官：（皱起眉头）好吧，回去等通知吧。

小徐：（急匆匆走出去，又急匆匆返回来拿放在椅子脚旁的帆布皮包。）

本案例中，徐涛的那些做法不符合礼仪要求，会给求职带来困难？

自己设计一份有特色的求职简历。

第七章

职场礼仪

◎**教学目标：**

1. 知识目标：了解办公室交往的一般礼仪，掌握正确使用电话、电子邮件与手机的礼仪规范。

2. 能力目标：掌握基本的办公场合礼仪规范，塑造与企业形象吻合的个人职业形象的基本技能。

3. 情感目标：提升人际关系处理能力，建立和谐积极的氛围，创造和谐的职场关系。

◎**名言警句：**

人只有献身于社会，才能找出那短暂而有风险的生命的意义。

——【美】爱因斯坦

第一节 办公室礼仪

一、准时上、下班

要严格遵守上、下班时间，不迟到早退，不在上班时间随便出去办私事。无论你的公司如何宽松，即使上司对你的迟到行为没有多说什么，那也不表示他对此毫不在乎。上班迟到的习惯会使你显得缺乏敬业精神。作为一个尽职的下属，你至少应该比你的上司提前15分钟到达办公室

二、保持办公环境整洁

办公室的桌椅及其他办公设施，都需要保持干净、整洁、井井有条。常用的物品要各就各位，不要随手乱扔。尽量不在办公桌上放自己的私人物品，如孩子的照片、恋人的信物、备用的化妆品，个人的收藏品等。柜内物品应经常进行清理、整顿，保持清洁整齐。

因为用餐或去洗手间暂时离开座位时，应将文件覆盖起来；下班后的桌面上只能摆放计算机，而文件或是资料应该收放在抽屉或文件柜中。

三、待人接物有礼貌

在办公室里对上司和同事们都要讲究礼貌，不能由于大家天天见面就将问候省略掉了。亲切的问候语，乃是工作中不可或缺的礼貌语言。同事之间不能称兄道弟或乱叫外号，而应以姓名相称。对上司和前辈则可以用"先生"或其职务来称呼，问候语并没有一定的语言模式，却是工作中最好的开始和人际的润滑剂。微笑是一种礼貌也是一种修养。微笑会创造良好的人际关系，会赢得信任和机会。

对外来办事人员，可视其性别、年龄、职务，称呼"先生"、"小姐"、"经理"等，除礼貌称呼外，还应该热情接待，真诚相助，办完公事后应礼貌相送。

尊重一切工作的女同事。在工作中要讲男女平等，一切按照社交中的女士优先原则去做未必会让女同事高兴。

在办公室里无事不随便打扰别人，有人需要帮助时要主动热情地伸出援

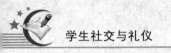

助之手。

去别的办公室拜访同样要注意礼貌。一般需要事先联系，准时赴约，经过许可，方可入内。在别的办公室里，没有主人的提议，不能随便脱下外套，也不要随意解扣子、卷袖子、松腰带。未经同意，不要将衣服、公文包放到桌子和椅子上。公文包很重的话，则放到腿上或身边的地上。不要乱动别人的东西。在别的办公室停留的时间不宜太久，初次造访以停留 20 分钟左右为准。

四、公私分明

一个好员工的重要标志就是公私分明。这意味着在工作时就是工作，不接打私事电话，不干私活，如打毛衣、写家信、会晤私交等。不在办公室玩扑克、下棋等。即使有的公司允许用公用电话谈私事，也应该尽量收敛一些，不要在电话里与自己的家人、孩子、恋人等说个没完，这样让人感觉不舒服，有损你的敬业形象。

爱惜办公室用品，不能随便带回家，也不能随便浪费。不要滥用公司应酬用的金钱作私人用途，如打长途电话。

五、办公室禁忌

在办公室里与同事们交往离不开语言，但是你会不会说话呢？俗话说"一句话说得让人跳，一句话说得让人笑"，同样的目的，但表达方式不同，造成的后果也大不一样。

1. 忌谈薪金

在美国的办公室文化中，员工习惯对自己的收入保密。询问薪水多少如同询问女士年龄，都属于禁忌话题。很多公司不喜欢下属之间互相打听薪水，因为同事的工资往往有差别，所以发薪时老板有意单线联系，不公开数额，并叮嘱不让他人知道。

2. 忌背后谈论老板和同事

不谈论老板和同事的是是非非，不谈道听途说的东西。每个人都有优点和缺点，无论在习惯上，还是性格、脾气、品德上。每个人都会犯错，而任何人对自己的保护意识都是相当强的。如果在办公室谈论一些是是非非在某一天被同事知道，情况将会非常糟糕。

忌在背后说领导和同事的坏话。这样会给别人一种印象：你也会在别人那里说我的坏话。一旦这样的看法形成，你就成了别人眼里的"小人"。不谈论领导和同事可以体现你是一个正面看问题的人，也有利于增强团结。

3. 忌谈公司的任何机密

任何人都有一种表现或称卖弄欲，喜欢把自己知道的一些秘密说出来以显摆，结果是害人害己。企业一般或明或暗地都有自己的机密，如客户信息、供应商信息、技术信息（新产品、新技术、新工艺、新设备等）、私下交易等，泄露这些机密将会导致严重的后果。

4. 忌把与人交谈当成辩论比赛

在办公室里与人相处要友善，说话态度要和气，要让人觉得有亲切感，即使有了一定的级别，也不能用命令的口吻与别人说话。说话时，更不能用手指着对方，这样会让人觉得没有礼貌，让人有受到侮辱的感觉。虽然有时候，大家的意见不能够统一，但是有意见可以保留，对于那些原则性并不是很强的问题，有没有必要争得你死我活呢？的确，有些人的口才很好，如果你要发挥自己的辩才的话，可以用在与客户的谈判上。如果一味好辩逞强，会让同事们敬而远之，久而久之，不知不觉你就成了不受欢迎的人。

5. 忌抱怨

不要经常愤愤不平。这个世界可以说没有绝对公平、公正的事，所以受到一些委屈、遇到不公平不公正的对待，甚至被冤枉了，都是很正常的。没有必要在办公室大肆抱怨，抱怨解决不了问题，只会破坏自己的形象；也不要在办公室里表现出"愤青"的形象，心平气和地对待自己所遇到的一切，想办法去解决、改善才是上上之策。

6. 忌当众炫耀自己

如果自己的专业技术很过硬，如果你是办公室里的红人，如果老板非常赏识你，这些就能够成为你炫耀的资本了吗？骄傲使人落后，谦虚使人进步。再有能耐，在职场生涯中也应该小心谨慎，强中自与强中手，倘若哪天来了个更加能干的员工，那你一定马上成为别人的笑料。倘若哪天老板额外给了你一笔奖金，你就更不能在办公室里炫耀了，别人在一边恭喜你的同时，一边也在嫉恨你呢！

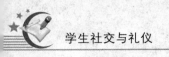

六、职场"新人"的礼仪

作为职场"新人"刚进入一个新的环境，要注意好自己的形象问题，给同事和上级留下好的第一印象，为以后的顺利发展打好基础。"新人"在职场要少说多做，多留心，多观察，言谈举止要亲切、热情、有礼貌。

1. 穿与自己职业相配的服装。

2. 早到晚走好印象。

3. 工作要紧张有序。

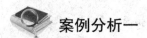 **案例分析一**

化公为私案例

一家科技公司一名工程师刚刚被辞退。谈及被炒原因，该公司总经理刘先生告诉记者：入夏以来，为改善办公环境，公司特地买回一些花卉和盆景，每个办公室放置了五盆。上周，刘经理到技术部时，意外发现技术部办公室只有三盆花，另外的两盆哪里去了？一番简单调查后，刘先生了解到，花被技术部一名工程师搬回自己家了。事情发生后，刘经理毫不留情地将那名工程师炒掉了，"他平时工作也算敬业，表现一向良好，可这小小的一件事，让我怀疑起他的人品，这种人，公司不要也罢。"

无独有偶，记者在一家商贸公司，也了解到了类似的现象。该公司李总一直为公司居高不下的电话费头疼。在查了话费单后，李总认定有职员经常利用公司电话打私话。没想到的是，第二天，李总下班回家后，因为办点要事又临时折回了公司，谁知一进公司，就碰见一名职员在用公司电话往家打长途。面对李的斥责，那名职员委屈地说："我很少这样做，没想到今天就被你撞见了。"李却告诉记者，他原本是要提拔那位职员做自己的助理的，可就因为这件事，让他否定了先前的想法。

思考分析：

不少企业的人力资源部经理认为，化公为私的做法，体现的是一个人的人品问题。而在企业用人者的眼中，工作能力不够，可以通过培养学习再提升；可人品欠佳，却是一个人难以弥补的缺陷。所以，尽管一时贪了公司的小便宜，最终受害无穷的，还是自己。

 活动与探究

公司职员小王，工作能力比较强，但是也有些自大，看不起别人，总觉得别人都不如自己能干，尤其对自己的领导很是不屑，常常觉得自己应该拿多少多少钱，应该有什么什么职位，因为整天想着这些事儿，没有调整好自己的心态，反倒做不好自己的本职工作了。工作中先后出现了一些问题，最后被公司辞退了。

思考分析：小王在工作中有哪些不得体的举动？

提示：

在办公室"多听少说"是至理名言，有关工作上的事怎么谈都不过分。但闲聊时一定要注意分寸，多说一些好听的、正面的、肯定的话。

第二节　会议礼仪

会议礼仪，是召开会议前、会议中、会议后及参会人应注意的事项，懂得会议礼仪，熟练、得体的运用会议礼仪对会议精神的执行有较大的促进作用。

一、确定基本目的

在准备会议之前，要明确会议的目的与主题，是需要传达并贯彻执行上层决策者的意图、意见，统一思想认识，布置工作任务，还是为了解决某个具体的问题，协调各方力量，群策群力，找到解决问题的最佳方案。

二、会议准备

现代化的会议离不开各种辅助器材，在召开会议之前，就应该把各种辅助器材准备妥当。

1. 桌椅、名牌、茶水

桌椅是最基本的设备，可以根据会议的需要摆成圆桌型或报告型，如果参加会议的人数较多，一般应采用报告型，如果参加会议的人比较少，一般

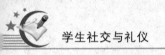
采用圆桌型。可根据需要制作座位牌，即名牌，方便与会人员就座。

会议上的茶水饮料最好用瓶装矿泉水，因为每个人的口味不一样，有的人喜欢喝茶，有的人喜欢喝饮料，还有的人喜欢喝咖啡，所以如果没有特别的要求，矿泉水是最能让每个人都接受的选择。瓶装矿泉水的容量大小，可以根据会议的时长、会场气温的情况确定，以减少浪费。

2. 会议议程、名册、签到簿

印制会议议程、名册，可以方便会议的主持人和与会人员尽快地掌握各位参加会议的人员的相关资料，了解会议主要内容。签到簿可以帮助会议组织者了解到会人员的情况，查明是否有人缺席，为下一步工作安排，比如就餐、住宿等提供数据资料。

3. 表达工具

有些场合，与会人员需要投影仪、显示屏等设备，在召开会议前，必须先检查各种影像、音响设备是否能正常使用。有的人喜欢在黑板或者白板上写字或画图，以便说明问题、表达思想，因此，黑板、白板、白板笔、粉笔、板擦等工具也是必不可少的。

4. 各种记录、播放器材

有的重要会议需要把会议的过程和内容完整记录下来，这就要准备录音机和摄像器材，或者可以安排专人用电脑进行会议内容的速录。当会议的结论或建议需要立即打印出来时，准备一台小型的复印机或打印机就很有必要了。

5. 资料、样品

对于业务汇报或者产品介绍类的会议，单纯的用语言去讲述，效果可能不会很明显，如果给大家展示一个具体的样品或者比较详细的图文并茂的资料，再结合样品一一介绍它的特点和优点，那么给大家留下的印象就会深刻得多。随着现代科技的发展和广泛运用，网络会议逐渐成为一种新的会议形式。网络会议通过网络传递视频、音频信息，可以在多地点同时进行，会议开始前要确定好会议地点、时间，主会场的转播设备、分会场的播出设备等。

6. 会议厅摆放形式

（1）课桌式。

会议厅用得最多的形式。会议室的桌椅安排应端正摆放，就像学校的课桌座位形式，这是大多数会议都采用的形式。

特点：参会者可以有放置资料及记笔记的桌子，方便作记录。非常适合政府类的会议和企业培训类会议。

（2）剧院式。

此种方法容纳人数最多。面向讲台摆放一排排座椅，中间留有过道。

特点：最大限度地将空间利用起来，使同样的空间，容纳最多人数，一般适合大型会议。

（3）回字型。

以回字为形状，将会议室里的桌子摆成方形中空，前后不留缺口，椅子摆在桌子外围，通常桌子都会围上围裙，中间通常会放置绿色植物。

特点：回字型摆放用于学术研讨会类型的会议，前方设置主持人的位置，可分别在各个位置上摆放麦克风，方便不同位置的参会者发言；适合100人以内的会议。同时会议室为方形的最好。

（4）董事型。

圆形或椭圆形大会议桌，周围摆放座椅。按照主次落座。中间位置为主角，投影幕在其后。

特点：适合人数较少，档次较高的会议要求。人数为 30 人以内。

（5）U 字型。

将桌子连接着摆放成长方形，在长方形的前方开口，椅子摆在桌子外围，通常开口处会摆放放置投影仪的桌子，中间通常会放置绿色植物以作装饰。

特点：不设会议主持人的位置以营造比较轻松的氛围，多摆设几个麦克风以便自由发言，椅套可以显示出较高的档次。

（6）鸡尾酒会式

桌形摆设：以酒会式摆桌，只摆放供应酒水、饮料及餐点的桌子，不摆设椅子，以自由交流为主的一种会议摆桌形式。

特点：自由的活动空间可以让参会者自由交流，构筑轻松自由的氛围。

三、发言礼仪

会议发言有正式发言和自由发言两种，前者一般是领导报告，后者一般是讨论发言。正式发言者，应衣冠整齐，走上主席台应步态自然，刚劲有力，体现一种成竹在胸、自信自强的风度与气质。发言时应口齿清晰，讲究逻辑，简明扼要。如果是书面发言，要时常抬头扫视一下会场，不能低头读稿，旁若无人。发言完毕，应对听众的倾听表示谢意。

自由发言则较随意，发言应讲究顺序和秩序，不能争抢发言；发言应简短，观点应明确；与他人有分歧时，应以理服人，态度平和，听从主持人的指挥，不能只顾自己。

如果有会议参加者对发言人提问，应礼貌作答，对不能回答的问题，应机智而礼貌地说明理由，对提问人的批评和意见应认真听取，即使提问者的批评是错误的，也不应失态。

四、参会礼仪

会议参加者在会前要做好参加会议所需资料的准备，参会时衣着整洁，仪表大方得体，准时入场或者提前5—10分钟进入会场，进出有序，依会议安排落座。如果临时有事不能出席，开会前必须通知主办者。

在别人发言时，不要随便插话，破坏会议的气氛，应认真听讲，不要私下小声说话、交头接耳、用手机或打瞌睡。开会的时候，如果需要发言，应简明扼要。听其他人发言时，如果有疑问，要通过适当的方式提出来，发言人发言结束时，应视会议情况和形式，进行鼓掌致意或者保持安静。没有特别的情况不要中途退席，即使要退席，也要征得主持人的同意，轻手轻脚不影响他人。

五、主持礼仪

各种会议的主持人，一般由具有一定职位的人来担任，其礼仪表现对会议能否圆满成功有着重要的影响。

1. 主持人应衣着整洁，大方庄重，精神饱满，切忌不修边幅，邋里邋遢。
2. 走上主席台应步伐稳健有力，行走的速度根据座位到主席台的距离而定。

3. 入席后，如果是站立主持，应双腿并拢，腰背挺直。持稿时，右手持稿的底中部，左手五指并拢自然下垂。双手持稿时，应与胸齐高。坐姿主持时，应身体挺直，双臂前伸。两手轻按于桌沿，主持过程中，切忌出现搔头、揉眼、拦腿等不雅动作。

4. 主持人言谈应口齿清楚，思维敏捷，简明扼要。

5. 主持人应根据会议性质调节会议气氛，或庄重，或幽默，或沉稳，或活泼。

6. 主持人对会场上的熟人不能打招呼，更不能寒暄闲谈，会议开始前，可点头、微笑致意。在会议开始前，首先介绍主要参会人员。

六、小型会议

小型会议，一般指参加者较少、规模不大的会议。它的主要特征是全体与会者均应排座，不设立专用的主席台。小型会议的排座，目前主要有以下三种具体形式。

1. 自由择座

它的基本做法是不安排固定的具体座次，而由全体与会者完全自由地选择座位就座。

2. 面门设座

一般以面对会议室正门之位为会议主席之座或者来宾就座的位置。其他的与会者可在其两侧自左而右地依次就座。

3. 依景设座

所谓依景设座，是指会议主席的具体位置，不必面对会议室正门，而是应当背依会议室之内的主要景致之所在，如字画、讲台等。其他与会者的排座，则略同于前者。

七、会议发言技巧

1. 发言内容

注意要点：开门见山，切忌啰嗦。

礼仪要求：

首先报告内容必须简短有力，条理井然。开场白要直接有力，清晰的陈述观点，必要情况下加以强调，啰嗦而无头绪的发言不仅让听众失去耐心，甚至会让听众怀疑报告者的专业水准。

2. 肢体语言

注意要点：自信由内而发。

礼仪要求：

走上主席台应该步伐稳健有力，行走的速度因会议的性质而定。入席后，如果是站立发言，应双腿并拢，腰背挺直；坐姿发言时，应身体挺直，双臂前伸，两手轻按于桌沿；如果是书面发言，要时常抬头扫视一下会议场地，不能低头读稿，旁若无人。发言完毕，应该对听众的倾听表示谢意。

详情解析：

（1）你在向人们解释某个问题时，要让你的一只手自然地放在一边，或采用手心向上的动作，这样显得坦白而真诚。发言中说教式的动作并不能获得信任，只会引起别人的反感，比如：那些可笑的指指点点表示强调、坐在台前交叉握双手、手指撑出一个高塔形状的动作。

（2）无论你讲的主题多么严肃，可以偶尔微笑，而不是咧嘴大笑，能够帮助你赢得更多的支持。用眼睛不时环视会议场地上的每个人，就好像你在对某个人发表演说一样。即使这种环视只不过是飞瞥一两次。千万不要摆出双手紧握或双臂交叉胸前的防卫姿势，这些动作只能说明你比较保守。

（3）发言语调

注意要点：低沉有力、给人稳重的印象。

礼仪要求：女性一般声线较细，声频偏高，这样的声调显得纤细、敏感、不够持重，所以，在整个发言过程中，尽量采用低沉而有节奏的语调，这样的声音才有说服力。

案例分析一

小王上午接到部门经理通知，要他代表本部门，在下午一上班的时候前往公司另外一个部门参加协调会。小王正在做部门的生产月度报表，因为明天上午要上交的报表快做好了，于是他又忙着做报表去了，心想：等做完了报表再着手准备协调会材料。没想到几个数据有出入，为此又去生产部门查询核实了需要的数据，中午都没有顾得上休息。等做完报表，一看时间，下午开会的时间已经过了30分钟，小王赶忙收拾好东西赶到会场。为了协商两部门之间如何配合开展工作的事宜，会议推迟了，大家一直等到小王前来才开始会议。会议期间，小王又想起了报表的数据需要增加一项，在别人发言的时候悄悄给生产部经理打了个电话进行了解。会后小王如期上交了报表、商量好了合作的办法，但是经理仍然批评了小王。

思考分析：

小王为什么会受到批评？经理如何批评才能有利于小王接受教训改正问题？今后小王应当怎么做？

 案例分析二

小李平时思维比较活跃，口齿伶俐，喜欢抢话说。一次部门经理召开总结会，经理讲到的几个问题都引起了小李的共鸣。小李忍不住几次打断经理，抢着发言，小李为自己能发现问题积极发言沾沾自喜。

思考分析：

小李在会上的表现存在什么问题？正确的做法是什么？

 案例分析三

学期末召开的班会上，班主任老师要求每位同学都要做学期总结发言。轮到小张上讲台发言的时候，他紧张得手足无措，不敢看坐着的老师和同学们，人几乎趴到讲桌上，只顾盯着写好的稿子念，声音细的只有前排的几个同学能听得到，引起了在座同学的哄笑。

思考分析：

小张在发言的时候有什么不妥的地方？应该怎么做？班里同学的做法对吗？同学们应该怎么做？

第三节　通信礼仪

◎名言警句：

谁掌握了信息，控制了风格，谁就能拥有整个世界

——【美】阿尔文·托夫勒

当今是信息时代，信息是资源，信息是财富，信息是生命，谁掌握了信息，谁就掌握了主动。电话、传真、电子邮件、手机等通信工具为我们获取信息、传递信息和使用信息提供了越来越多的选择。

一、电话礼仪

现代社会是一个快节奏、高效率的社会，电话已成为现代社会主要通信工具之一。聊天谈事情，约会交朋友，人们在享用电话所带来的便捷的同时，却发现烦恼随之而来。您是否遇到过这样的情况，忙碌的时候总有电话捣乱，甜甜的美梦总被铃声打断。电话仿佛是个琢磨不透的宝贝，运用得体，它会带来成功，运用不得体，它又会成为人们交往中的绊脚石。

（一）电话中的语言

电话中的信息传递和交换主要靠语言来完成。语言包含着非常丰富的内容：尊重还是轻视，信任还是怀疑，快乐还是悲伤，都能从中得知。

 精品阅读

松下幸之助

日本著名企业家松下幸之助说过："不管在公司，还是在家里，凭这个人打电话的方式，就基本可以判断其教养的水准，我每天除了收到好多预约演讲的信件，还接到很多委托演讲的电话。我凭着电话里的说话方式，就能判断其教养如何，凭对方在电话里的第一句话，可以基本决定我是去讲，还是不去。"

电话中的语言具有非常重要的作用，电话语言要求礼貌、简洁、清晰和

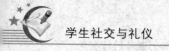

富有感情。

1. 礼貌

要将电话的另一端当成对面正在交谈的人，给予充分的尊重和重视。在电话中应使用礼貌用语，如"您""请""谢谢""对不起""请稍后""再见"等；语气要柔和，彬彬有礼，温文尔雅。办公电话不仅关乎个人的素质与修养，同时也体现着单位的管理水平和企业文化。

2. 简洁

简洁就是一种力量，特别在当今这个讲效率和速度的年代，时间对于每一个人都很紧迫。随意占用对方的电话线路和工作时间是不为对方考虑的失礼行为。接电话也是一样的道理，应简单明了，节省时间，提高效率。

 **精品阅读**

林肯的演讲

林肯还没当总统之前，有一次被邀请到一个学术会议上发表讲话。在他前面安排了另外两个教授先讲。这两个教授的讲话空洞无物，又特别的冗长，等他们讲完，台下的与会者已经被折磨得疲惫不堪。终于等到林肯上讲台，他望了一下台下，用力敲了敲桌子，然后提高嗓门，说了一句话："绅士的演讲，应该要像女士的超短裙一样——越短越好。我的演讲完了。"台下顿时爆发了雷鸣般的掌声。这一句话堪称古今中外演讲史上的典范，任何时候都令人深思。

3. 清晰

电话中的语言，发音要有标准，吐词要清晰，不要说方言，语速要适中。语速太慢往往让人觉得缺乏激情而有冷待之嫌，语速太快容易造成对方听不清楚。一般情况下，语速保持在 120～140 字/分钟比较合适。当然，如果能够根据对方的语速而调整自己的语速，这样效果更好。说话声音不要太大也不要太小，说话语调过高、语调太低，会使对方感到无精打采，有气无力；语调过长显得懒散拖拉；语调过短又显得不负责任。

4. 情感

在电话里，对方看不到笑脸，但是听得到带着微笑的声音，因为带有微笑的声音是非常甜美动听的，也是极具感染力的。在声音中寓于情感，如热情、快乐、温暖，可以让对方感受到友好和真诚。

 **精品阅读**

热情

成功学大师拿破仑·希尔花了 25 年的时间，分析和研究了全世界 500 名各行业顶尖成功人士的成功原因，最后归纳出 17 条成功定律。其中，热情排在最前面，可见保持热情的重要性。热情一定是由内而外自然流露的，只有那些从心里热爱自己工作的人，心中才会有一团火焰，这团熊熊燃烧的火焰会使人充满热情、魅力四射，从而具有非凡的影响力。

（二）打电话礼仪

打电话是一门艺术，如何打电话，是我们现代人的一门必修课。打电话的人作为主动行为者，应该考虑被动接听者的感受。

1. 时间选择

时间选择包括选择打电话的时间和电话交谈所持续的时间长短。除了紧急要事之外，一般不在早上 7：00 以前、晚上 10：30 以后、就餐时间和节假日打电话，同时还应注意各个国家和地区的时差。给单位打电话，应避开刚上班时或快下班时两个时间。

2. 通话的长度

电话交谈所持续的时间以 3～5 分钟为宜。如果不是预约电话，时间需 5 分钟以上的，那么应该首先说出自己要办的事或大意，并征询对方是否方便；若对方此时不方便，就请对方另约时间或另选谈话方式。实际生活中通话时间，按事情的多少，说清楚为止，但是要注意长话短说，废话不说。

3. 内容准备

打电话前要考虑好通话的大致内容，如怕打电话时遗漏，则应事先记下要点以备忘。要养成重要电话列提纲的习惯。另外，在电话机旁备有常用的电话号码表和做电话记录的笔和纸。

4. 自报家门

无论是正式的电话业务，还是一般交往中不太正式的通话，自报家门都是必需的，这是对对方的尊重。

5. 结束通话

电话结束时，一般以拨打电话一方先结束谈话，然后以"再见"结束通话。

（三）接电话礼仪

接电话的态度不仅反映着一个人的涵养和风度，更体现着一个组织的文明和礼貌。

1. 适时接听

电话最好在铃声响三声之内接起。不要在电话响第一声时拿起，会让对方觉得唐突；但若在响铃超过三声以后再接听，是缺乏效率的表现，势必给来电者留下公司管理不善的第一印象，同时也会让对方不耐烦，变得焦急。如果因为客观原因，如电话机不在身边，或一时走不开，不能及时接听，应该在拿起话筒后先向对方表示自己的歉意并做出适当的解释，如"很抱歉，让你久等了"等。

2. 规范问候

在工作场合，接听电话时，首先应问候，然后做自我介绍。对外接待应报出单位名称，若接内线电话应报出部门名称。比如："您好，＊＊公司""你好，＊＊大学＊＊学院"或"你好，销售部办公室，我是＊＊"。

 **精品阅读**

"你好！微软公司！"如何接电话，是国际上许多大公司培训员工职业化程度的一项内容。例如，微软公司的员工拿起电话，第一句话肯定是"你好！微软公司！"有一次，公司举行庆祝会，员工们集体在一家宾馆住宿。深夜，某项活动日程临时变化，前台小姐只得一个个打电话通知，第二天她面露惊奇："你知道吗？我给 145 个房间打电话，起码有 50 个电话的第一句话都是'你好！微软公司！'可见微软文化的力量，同时也显现了微软人的职业水准。"

3. 认真倾听

接电话时要认真倾听对方的电话内容。在听电话时，应注意不时说些"是"、"好"之类的话语，让对方感受到你在认真地听，不要轻易打断对方的说话。如实在有必要打断时，则应该说："对不起，打断一下。"

4. 热情代转

如对方不是找你，而是请某某听电话，那么你首先必须确认某某在办公室并礼貌地说"请稍等"，如找不到听电话的人，你可以提供一些帮助，如"需要我转告吗？"或"有话要我记录吗？"

如对方找的是你的上司，刚好又不在，你最好说："对不起，××经理不在。请问您是哪一位？需要我留话吗？"而不要先问对方是谁，然后再告诉他经理不在，以免给人造成实际上经理是在的，而不愿接他的电话的误会。

5. 做好记录

对方如果要求电话记录，你应马上拿过纸和笔进行记录。电话记录一般包括以下内容：谁来的电话，找谁，来电内容，来电提到的地点、时间，联系的事宜，需解决的问题等。对数字或有关重要内容可重复一遍核对。通话完毕后，写上电话记录的时间及何人所记，然后交给有关人员。

6. 接错拨电话

接到错打的电话，也要保持风度。切勿发脾气、"耍态度"。确认对方拨错了电话，应先自报家门，然后再告知电话拨错了。对方如果道歉，不要忘了以"没关系"去应对，而不要教训人家"下次长好眼睛""瞧仔细些"。有可能的话，不妨问一问对方，是否需要帮助他查找正确的电话号码。

7. 善于听辨

在办公室工作的人员，应该有意识地训练自己的听辨能力。假如对方是老顾客，经常打电话来，一开口就能听出他或她的声音，那么可以用合适的称谓问好："您好，王经理。"这样一来，会给对方留下特别受到重视的感觉，增强对方对你的好感。

8. 礼貌挂断

当对方向你说"再见"时，别忘了你也应该说"再见"。通话完毕后不要仓促挂断电话，甚至对方话音没落，就挂断电话。如对方是长辈、上级、外宾或女性，要听到对方放下话筒后再挂电话。挂电话时应小心轻放，声音不要太响，以免让人产生粗鲁无礼之感。

二、电子邮件礼仪

当今社会已进入网络时代，电子邮件（E - mail）成为最快捷的互通信息的有效手段。它的发展速度可谓突飞猛进，日新月异，令人刮目相看。电子邮件礼仪也受到越来越多人的重视。

1. 主题明确

一个电子邮件，大都只有一个主题，并且往往需要在前注明。若是将其归纳得当，收件人见到它便对整个电子邮件一目了然了。

2. 简洁

在编写电子邮件时，应注意简明扼要、清楚地表达自己的意思。语言要简略、流畅，无错别字。引用数据、资料时最好标明出处，以便收件人核对。邮件信息不要太冗长，这样不会引起他人注意。

3. 礼貌

和写普通的信件一样，电子邮件中的称呼、敬语必不可少，写好后还要审核核定所用的字体和字号，太小的字号不仅收件人看起来费力，也显得粗心和不礼貌。最好不要将正文栏空白只发附件，除非是因各种原因出错后重发的邮件，否则不仅不礼貌，还容易被收件人当作垃圾邮件处理。

发送完毕后，可以通过电话等询问是否收到邮件，通知收件人及时接收阅读。收到电子邮件后，要注意尽快回复来信。如果暂时没有时间，应先简短回复，告诉对方你已经收到他的邮件，有时间再详细说明。

4. 安全

在发送电子邮件时，要尽可能保证邮件不携带计算机病毒。接收电子邮件时安全问题很重要，来历不明的信件必须谨慎处理。

三、手机礼仪

无论是在社交场所还是工作场合，放肆的使用手机、收发短信，已经成为礼仪的最大威胁之一，手机和短信礼仪越来越受到关注。在国外，如澳大利亚电信的各营业厅采取向顾客提供"手机礼节"宣传册的方式，宣传手机礼仪。

中国已成为世界第一大手机用户国，手机几乎已成为每个社会人必不可少的通信工具。手机礼仪成为亟待普及的社会公德。

（一）注意事项

1. 给对方打手机时，最好避开休息和用餐时间，并且做好对方不方便接听的准备。在给对方打手机时，应注意从听筒里听到的回音来鉴别对方所处的环境。如果很静，应想到对方在会议上，当听到噪声时，对方就很可能在室外。有了初步的鉴别，对方能否顺利通话就有了准备。但不论在什么情况下，是否通话还是由对方决定为好，所以"现在通话方便吗？"通常是拨打手机的第一句话。

2. 开车、乘坐飞机时禁止使用手机。在会议、谈判、聚餐时，或在图书馆、教室、音乐厅、电影院、医院等公共场所，最好把手机关掉或调到静音、震动状态。这样既显示出对别人的尊重，又不会打断发言者的思路。

3. 在办公室、楼梯、电梯、路口、人行道等公共场合，不可以旁若无人的使用手机，而应该把自己的声音尽可能地压低一下，而不是大声说话。当与朋友面对面聊天时，不要正对着朋友拨打手机。

（二）手机铃声礼仪

1. 个性化铃声应注意使用场合

时下个性化的铃声正迅速走俏。这些个性化铃声为生活增添了色彩，人们选择它无可非议。但是过于个性化的铃声应注意使用场合。这就像穿衣打扮一样，分家里和家外两种。过于暴露的衣服可以在家里随便穿，但在办公室、在拜会客人时就不能穿，手机铃声也是。现在很多二十出头的小伙子、小姑娘都喜欢选用"爸爸，来电话了！""妈妈，来电话了！"还有狗叫声，在办公室和一些严肃的场合，这种铃声不断响起的话，对周围人是一种干扰。如果确实喜欢用，就应当适时将铃声调到振动上。

2. 铃声音量不能太大

无论是座机还是手机铃声，都不能调得过大，以离开座位两米可以听见为宜。有些人的铃声像是"凶铃"，在大家埋头干活时突然刺耳地响起，让人心跳都会加快。还有在医院、幼儿园等场所，过大的铃声会成为一种公害。

3. 铃声不能给公众传导错误信息

在海口市，曾经发生这样一件令人啼笑皆非的事。一位巡警在经过一辆豪华旅游车时，突然听到一阵急迫的呼救声："抓贼呀，抓贼呀，抓偷手机的贼！"巡逻经过此地的边防官兵听到后，急忙将这辆旅游车拦住，可官兵们上车一看，根本没有偷手机的贼，乘客们全都在呼呼大睡。忽然，"抓贼呀……"的"喊声"再次响起。官兵们循声找去，原来这"呼救"声是从一

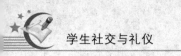

名熟睡的乘客手机里传出来的。可想而知，如果这样的铃声到处都有的话，公众秩序一定大乱。

4. 铃声要和身份相匹配

相对来说，过于个性化的铃声与年轻人的身份比较匹配，一些长者或者有一定身份的人如果选择与自己身份不太匹配的铃声，会有损自己的形象。一位女士参加一个级别很高的宴会。席间，一位部长出去处理问题，手机就放在餐桌上。一会儿，手机响了，里面的音乐是《月亮代表我的心》，偏偏部长半天不回来，打电话者又很执着，《月亮代表我的心》就一遍遍唱着。为了打破这尴尬局面，大家只好拿全桌这位唯一的女士开玩笑："你看，部长特意出去，就是为了让你听这段音乐。"让这位女士心里很不爽。这就好比是穿衣，20 岁的小姑娘穿上超短裙是一种美，50 岁的女士穿上超短裙就一定会成为笑柄。

（三）短信礼仪

手机短信因其简洁方便，成为我们待人处事和商业活动的重要方式，收发短信也有应遵循的礼仪。

1. 内容要健康

在短信的内容选择和编辑上，应该和通话文明一样受到重视。因为通过你发送的短信，意味着你赞同至少不否认短信的内容，也同时反映了你的品位和水准。所以不要编辑或转发不健康的短信，特别是一些带有讽刺伟人、名人甚至是革命烈士的短信，更不应该转发。收到无聊、不健康的短信应即可删除，不要传播。

2. 编辑应规范

编发短信用字用语要规范、标准、表意清晰、礼貌。

3. 必要时署名

短信内容后要留姓名，以便接收方知晓发送人。短信署名既是对对方的尊重，也是达到目的的必要手段。如果是正事，不署名更会造成不必要的损失。

4. 及时整理

短信应及时整理，重要短信移至收藏夹，不用的短信应及时删除。一些人经常把手机放在桌子上，如果离开办公室办事或者去卫生间，也许有好奇之人就会顺手翻看短信。如果上面有保密内容或一些并不希望别人看到的短信，就可能引起麻烦。如果不幸被对方传播出去，后果就会更加严重。

5. 使用分场合

不要在别人能注视到你的时候查看短信。一边和别人说话，一边查看手机短信也是对别人不尊重的表现。

在需要保持安静的公共场所，或在与人交谈时，请将短信接收提示音调至静音或震动状态。

有些重要电话可以先用短信预约。当要给身份高或重要的人打电话时，知道对方很忙，可以先发短信"有事找，是否方便给您打电话？"如果对方没有回短信，一定不是很方便，可以后再拨打电话。

如果事先已经与对方约好参加某个会议或活动，为了怕对方忘记，最好事先再提醒一下。提醒时适宜用短信而不要直接打电话，因为打电话似乎有不信任对方之感，而使用短信就显得非常亲切。

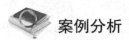 案例分析

铃声响起

公司晨会上，小马受到了点名批评，原因是在与客户的谈判中没有将手机关机，结果在谈判关键处手机来电铃声响起，谈判被迫中断，让公司蒙受了损失。正当小马做诚恳检讨时，他的手机铃声又响了……

问：小马的行为有哪些不符合使用手机礼仪的要求？

（四）微信礼仪

通过微信彼此关注、相互欣赏甚至表达各种情绪。微信在今天生活中的影响甚至大过父母、领导和爱人。有人半天的时间都花在浏览、转发朋友圈的微信上，有人可能会因为朋友圈里的一条微信难过或兴奋一天。

所以为了尊重微友们的时间和心情，不要让自己的微信内容成为微友们情绪的污染源，请在使用微信时关注以下微信礼仪。

1. 转发前先点赞或在评论中表达因为精彩所以要转走。

2. 复制转发微友原创内容里时要署名发表者或申明转发自何人的微信，不要让微友们以为是你的杰作，这也是"窃文"，要把版权交代清楚。

3. 不在微信朋友圈中发表负能量的个人情绪、莫名其妙的感叹、无厘头的咒怨等让微友们心沉的言辞，需要关注、需要安慰不妨直说。

4. 不在微信中发布或转发带"如果不转发就……"等强制性或诅咒性字眼的微信，朋友之间只有尊重没有要挟。

5. 不在微信群里单独与某人聊天，以免干扰别的微友，可以单独微他或把相关人拉在一起另外建群聊天。

6. 忌讳不事先沟通就把相互不认识的自己不同圈子的朋友拉进一个群里，以此来发节日的祝福微信给人很不受尊重的感觉，只图自己方便，效果却适得其反。

7. 节庆时可以在朋友圈群发一条针对所有微友的祝福微信。但是建议你：凡是朋友圈里的师长、好友要再次单独一对一的提名发送祝福微信，虽然麻烦一些但是过去写贺年片或电话祝福也是一对一的，这样做才是有礼貌的。

8. 如果你像上面第 7 条说的一样被拉进一个群里、"被"群发了一条祝福微信，请单独微他，一对一提名回复并祝福。

9. 在微信朋友圈里总是潜水不回应也不对，要不就不要接受好友邀请，一旦看到美文好图好思想不妨赞一个，是捧场也是谦逊。

10. 转发那些需要捐款、捐助、收养等的求助微信时凡是有电话号码联系人的自己先落实一下，虚假不实甚至涉嫌吸费、诈骗的信息"到我为止"。不能因为是你信任的朋友转发的你盲目转发，每个微友都有义务避免伤害，这也是对自己微信信誉的维护。

11. 晚上 12 点以后不在朋友圈或群里发微信是对微友们的尊重，否则有可能因此被朋友加入黑名单喔。

12. 不能因为你发了微信给对方，对方没有回应你就责备埋怨他。重要又需要立马得到回复的事情还是打电话比较好，如果对方恰好无网络收不到，可能会误事。

13. 不要因为想博人眼球就发一些低俗黄色的信息或涉及国家或工作单位

的机密信息甚至别人的隐私信息等。

 活动与探究

学生有手机已经不是新鲜事，由此引发的问题却很少有人注意到。上课时手机短信不断，听讲座或开会等安静的场合手机铃声响个不停，跟老师、长辈讲话时还没耽误接发短信。围绕着手机的不文明行为，作为一名学生应该懂得自律，上课时间应自觉关闭手机，至少要把手机调成振动或将声音模式调成静音。手机应该成为同学之间便于联系的工具，但它的工作时间是在课堂外。

作为一个学生，杜绝课上用手机发短信或玩游戏不仅是学生与老师之间的相互尊重，更是人与人之间最起码的礼节。包括成年人都应该懂得这样的道理：开会、听课和一些安静的场合不应该使用手机，或者至少把手机调到振动，不随意接听电话。

同学们在上课时，如果授课老师的手机响了，大家都会很反感，认为是老师对自己的不尊重，有些学校还会把老师在课上接听电话当作教学事故来处理。同样，学生上课使用手机既影响其他学生的听课，又会影响老师的讲课。每一堂课老师都会精心准备，每个教学环节都会细心琢磨，对于学生来说，不管有什么急事，无论有什么可以解释的理由，上课时手机响，同学间互相发短信都是对老师的不尊重。上课，本来就是一个互动的过程，作为学生不应该以低头发短信来代替思考、提问、议论。目前出台对于学生使用手机的准则是很有必要的。但更为重要的是学生的自觉遵守及与老师的相互配合。

思考分析：

1. 作为学生应如何文明使用手机？
2. 你认为学校有没有必要制定学生使用手机的准则？
3. 与同学们讨论"网络礼仪"的现实意义。

图书在版编目(CIP)数据

学生社交与礼仪/王晓冬,杨蓉蓉主编.—2版.—济南:
山东人民出版社,2010.8 (2019.9 重印)
ISBN 978-7-209-05406-5

Ⅰ.①学… Ⅱ.①王… ②杨… Ⅲ.①人间交往—礼仪—高等
学校:技术学校—教材 Ⅳ.①C912.1

中国版本图书馆 CIP 数据核字(2010)第 130619 号

责任编辑:常纪栋
封面设计:彭　路

学生社交与礼仪
王晓冬　杨蓉蓉　主编

山东出版传媒股份有限公司
山东人民出版社出版发行

社　　址:济南市英雄山路 165 号　　邮　编:250002
网　　址:http://www.sd-book.com.cn
发行部:(0531)82098027　82098028

新华书店经销
山东华立印务有限公司印装

规　格　16 开(169mm×239mm)
印　张　11.25
字　数　200 千字
版　次　2017 年 9 月第 2 版
印　次　2019 年 9 月第 8 次
ISBN 978-7-209-05406-5
定　价　28.00 元

如有质量问题,请与印刷厂调换。　电话:(0634)6216033